Aproximações à América Latina

Do Autor

No Brasil:

Ensaios de sociologia. Belo Horizonte: Editora UFMG, 2004.
Do ocidente à modernidade. Intelectuais e mudança social. Rio de Janeiro: Civilização Brasileira, 2003.
Interpretando a modernidade. Imaginário e instituições. Rio de Janeiro: Editora FGV, 2002.
Teorias sociológicas no século XX. Rio de Janeiro: Civilização Brasileira, 2001. 2ª edição: 2004. 3ª edição: 2007
A sociologia de Talcott Parsons. Niterói: EdUFF, 2001.
Sociologia e modernidade. Para entender a sociedade contemporânea. Rio de Janeiro: Civilização Brasileira, 1999. 2ª edição: 2001. 3ª edição, revista e atualizada: 2005.
Criatividade social, subjetividade coletiva e a modernidade brasileira contemporânea. Rio de Janeiro: Contra Capa, 1999.

No exterior:

Latin American and Contemporary Modernity. A sociological Interpretation. Nova York e Londres: Routledge, 2007.
Modernity Reconstructed. Cardiff: University of Wales Press, 2006.
Social Creativity, Collective Subjectivity and Contemporary Modernity. Londres e Basingstoke: Macmillan Press e Nova York: Saint Martin's Press (Palgrave), 2000.
Sociological Theory and Collective Subjectivity. Londres e Basingstoke: Macmillan Press e Nova York: Saint Martin's Press (Palgrave), 1995.

Como organizador:

América Latina hoje. Conceitos e interpretações. Rio de Janeiro: Civilização Brasileira, 2006 (com Maria Maneiro).
The Plurality of Modernity. Decentring Sociology (Série Zentrum & Peripherie). Mering: Hampp, 2006 (com Sérgio Costa, Wolfgang Knöbl e Josué Pereira da Silva).
Modernidade e teoria social no Brasil. Belo Horizonte: Editora UFMG, 2000 (com Leonardo Avritzer). 1ª reimpressão: 2006.

José Maurício Domingues

Aproximações à América Latina
Desafios contemporâneos

CIVILIZAÇÃO BRASILEIRA

Rio de Janeiro
2007

COPYRIGHT © José Maurício Domingues, 2007

CAPA
Evelyn Grumach

PROJETO GRÁFICO
Evelyn Grumach e João de Souza Leite

CIP-BRASIL. CATALOGAÇÃO-NA-FONTE
SINDICATO NACIONAL DOS EDITORES DE LIVROS, RJ.

A661   Aproximações à América Latina: desafios contemporâneos / José
Maurício Domingues. – Rio de Janeiro: Civilização Brasileira, 2007.

       Inclui bibliografia
       ISBN 978-85-200-0822-5

       1. América Latina – Condições econômicas. 2. Políticas públicas –
América Latina. 3. Desenvolvimento econômico – América Latina. 4.
América Latina – Política social. I. Domingues, José Maurício.

                               CDD – 330.98
07-1990   CDU – 338.1(8)

Todos os direitos reservados. Proibida a reprodução, armazenamento
ou transmissão de partes deste livro, através de quaisquer meios, sem
prévia autorização por escrito.

Direitos desta edição adquiridos pela
EDITORA CIVILIZAÇÃO BRASILEIRA
Um selo da
EDITORA RECORD LTDA.
Rua Argentina 171 – 20921-380 – Rio de Janeiro, RJ – Tel.: 2585-2000

PEDIDOS PELO REEMBOLSO POSTAL
Caixa Postal 23.052 – Rio de Janeiro, RJ – 20922-970

Impresso no Brasil
2007

Sumário

INTRODUÇÃO

Horizontes da teoria sociológica no século XXI
latino-americano   7

CAPÍTULO 1

Revisitando Germani: a interpretação da modernidade
e a teoria da ação (com María Maneiro)   23

CAPÍTULO 2

Modelos de desenvolvimento e desafios
latino-americanos   57

CAPÍTULO 3

Regionalismos, poder de Estado e desenvolvimento   87

CAPÍTULO 4

O nacionalismo nas Américas do Sul e Central   109

CAPÍTULO 5

Responsabilidade ambiental e esfera pública na América
Latina (com Andrea Coutinho Pontual)   141

JOSÉ MAURÍCIO DOMINGUES

CAPÍTULO 6
Movimentos sociais latino-americanos contemporâneos:
diversidade e potencialidades *167*

CAPÍTULO 7
Instituições formais, cidadania e autonomia no
Brasil contemporâneo *193*

CAPÍTULO 8
O primeiro governo Lula: um balanço crítico *209*

REFERÊNCIAS BIBLIOGRÁFICAS *251*

INTRODUÇÃO # Horizontes da teoria sociológica no século XXI latino-americano*

---

*Publicado parcialmente em José Vicente Tavares dos Santos (org.), *América Latina e mundialização*. Sociologia crítica, violência e inovação democrática, Porto Alegre, Editora da UFRS, 2007. Para alguns dos aspectos tratados nesta introdução, ver Domingues, 1992, 2002a, 2005a e 2005b. Deve-se observar de início que o termo "América Latina" é usado aqui de forma convencional; pois é uma mescla mais complexa e uma posição particular no que diz respeito à modernidade (compartilhada por esses países a despeito de suas diferenças) que caracteriza o subcontinente.

A sociologia latino-americana teve sua época de florescimento, seu auge, exatamente no mesmo momento em que isso ocorria na Europa e na América do Norte. As décadas de 1950 e 1960 viram uma sociologia pujante, teoricamente interessante e publicamente relevante se desenvolver nesses três continentes. Em todos eles houve um declínio da dimensão pública da sociologia, posteriormente. Mas apenas na América Latina a sua dimensão teórica se fez em particular mais atrofiada. Após a derrota da vaga de ditaduras militares que varreu o continente nos anos 1960-70, a sociologia vem se reconstruindo pouco a pouco. Essa dimensão teórica vem enfrentando, contudo, dificuldades para se reerguer.

É verdade que o tipo de teoria que vicejou entre nós diferia daquela que se mostrou forte em outras paragens. Alguns, como Florestan Fernandes, sequer viam legitimidade em teorias feitas aqui, uma vez que nossas carências e urgências nos impunham tarefas de outra natureza, qual seja, a compreensão das sociedades específicas em que vivíamos e como transformá-las. Outros navegaram pelas águas da teoria, sempre pondo-a mais diretamente a serviço, de todo modo, do "desenvolvimento", da "modernização", da luta contra a "dependência". Alguns, como Gino Germani, esperavam que o amadurecimento da sociologia na América Latina acabasse por produzir teorias tingidas por nossas realidades. De um modo geral, a despeito de exceções por vezes significativas, a teoria sociológica foi antes instrumento em grande medida importado que preocupação ativa e contribuição crítica dos pesquisadores latino-americanos.

Hoje as coisas talvez possam se mostrar mais auspiciosas, ainda que um viés antiteórico continue a prevalecer no continente — neste caso acompanhando o movimento mais forte da sociologia no plano global, a despeito das importantes e valiosas sínteses teóricas que marcaram os anos 1970-80 na Europa e nos Estados Unidos. Uma demanda de praticidade e aplicação imediata, ou de empiria absoluta, que já tem hegemonia nos centros ocidentais, também entre nós se faz sentir novamente, a exemplo do que se passou em épocas anteriores.

Todavia, esta não parece ser nem a perspectiva nem o desejo dos jovens cientistas sociais hoje, pelo menos no Brasil ou na Argentina, países esses que conheço um pouco melhor. O interesse pela teoria e o entendimento de que ela tem uma contribuição decisiva quando se trata de pensar os impasses de nossas sociedades, e suas possíveis soluções, de que ocupar-se desses temas não é um exercício ocioso ou supérfluo, mas que, ao contrário, é preciso em muitos sentidos pensar o nosso mundo ex-novo, parecem estar presentes. Que tipo de teoria dever-se-ia perseguir na América Latina, reconhecendo esses anseios e a justeza desta possível perspectiva? Alguns autores da recente produção "pós-colonial" latino-americana desenvolvida nos Estados Unidos têm recusado a sociologia como disciplina, por sua cumplicidade no projeto do que seria a "colonialidade" epistemológica, sem apresentar, contudo, argumentos minimamente convincentes (Mignolo, 2000). Por que as "humanidades" seriam criticamente legítimas e a sociologia, não, consiste em algo ainda mais obscuro e, a meu juízo, profundamente equivocado. Recusar basicamente a modernidade é passo que tampouco faz sentido, seja no plano analítico, seja no normativo.

No que se segue buscarei tratar de algumas áreas e temas centrais da teoria sociológica que me parecem demandar particular atenção dos sociólogos latino-americanos interessados em teoria. A tradição mais geral da disciplina assim como aquela que aqui se desenvolveu de forma mais localizada comparecerão à discussão.

TEORIA GERAL

Primeiramente, é necessário esclarecer que não se trata de reivindicar uma teoria sociológica autóctone. Ao contrário, a sociologia, em particular a teoria sociológica, é um empreendimento geral, sem fronteiras. Isso não quer dizer que o nacional, o regional e o local não tenham um papel a cumprir em sua produção, uma vez que são tradições específicas, da mesma forma que questões e impulsos mais localizados que se encontram na base da produção do conhecimento. Por outro lado, não há por que aceitar colonialismos intelectuais, para o que esquivar-se do labor teórico decerto coaduna, ainda que muitas vezes não intencionalmente. Sobretudo em uma época em que a sociologia latino-americana, malgrado as violências das ditaduras e também as suas deficiências específicas, conseguiu consolidar-se institucionalmente.

Deste modo, o conjunto de contribuições teóricas norte-americanas e européias formuladas nas últimas três décadas é de crucial importância para nós. Aspectos parciais dessa produção já nos alcançaram e fizeram sentir sua influência, seja na reflexão conceitual, seja na pesquisa empírica. Este é o caso, por exemplo, das obras de Pierre Bourdieu ou de Jürgen Habermas; o primeiro, no que toca à estratificação cultural das classes e aos "campos" culturais; o segundo, sobretudo no que se refere à questão da democracia, da esfera pública e da sociedade civil. Outros autores, como Michel Foucault, também tiveram grande impacto no subcontinente. Mais recentemente a obra de Luc Boltanski sobre a terceira fase do "capitalismo" começa a penetrar as discussões em curso, e os temas da modernidade avançada em Anthony Giddens e Ulrich Beck assomaram aqui e ali. Mas um enfrentamento mais direto dessas questões, um posicionamento sistemático ante essas alternativas teóricas, ainda está por ocorrer. O próprio movimento de "síntese" teórica que marcou as produções européia e norte-americana nos anos 1970-80 apenas muito lateralmente teve impacto em nossos países. Nesse sentido, a área de teoria geral (ou "metateoria", termo inadequado a meu ver, ainda que da preferência de alguns) acha-se desenvolvida de forma incipiente na América Latina. Isso é verdade tanto no que diz respeito ao debate sobre a relação entre o que muitos chamariam de "estrutura" e "ação" — no qual as pressuposições mais gerais no que se refere à vida social são traçadas — quanto no que tange à análise da modernidade hoje entre nós — o que evidentemente não pode evitar o debate da modernidade no plano global. Uma perspectiva plural, em que a concorrência entre diversos sistemas teóricos se apresentasse, seria saudável e marcaria um avanço da disciplina no subcontinente, espelhando o que ocorre nos países centrais da modernidade. Interseções com o que se costuma chamar de "teoria social" de modo genérico são sem dúvida importantes. Mais ainda, um passo importante seria dado na medida em que perspectivas originais lograssem emergir no curso desse debate.

O segundo elemento dessa discussão logo será retomado, uma vez que uma tradição importante no continente concerne à teorização de sua modernidade. No que se refere ao primeiro, vale assinalar que a sociologia emergiu na Europa — e depois avançou nos Estados Unidos também nesse sentido, majoritariamente — associada de modo estreito a uma crítica ao utilitarismo, que hoje se reproduz tecnicamente em grande medida por meio das teorias da escolha racional. A teoria econômica vem colonizando muito da vida social e largamente as próprias ciências sociais em geral. Em tempos de neoliberalismo, ainda que debilitado por sua miopia e parcos resultados, cabe à sociologia remontar a suas tradições e propor abordagens conceituais que sejam capazes de fazer frente a essa crescente hegemonia das versões do utilitarismo na sociedade e no pensamento social.

DESENVOLVIMENTO E DEPENDÊNCIA

Por volta do final dos anos 1950, um tema começou a pôr-se como central para os sociólogos latino-americanos, sobretudo aqueles preocupados com questões mais gerais: o desenvolvimento da América Latina. O que fazer para romper com o atraso do continente, de seus vários países? Onde se localizavam os gargalos que impediam que a economia superasse a fase pré-industrial, que a dominação da natureza, muito mais avançada no Ocidente já moderno, se aprofundasse entre nós e os benefícios desse processo se fizessem disponíveis para as massas empobrecidas de nossos países?

Para muitos a resposta se punha em termos de impasses econômicos e opções das classes e lideranças sociais, com freqüência irresponsáveis e populistas. Para outros, os problemas demandavam antes um planejamento decisivo da parte do estado para que a inércia dessas sociedades fosse rompida, ensejando uma mobilização social que, se bem conduzida, não tenderia a gerar maiores resistências. Outros ainda, principalmente ao associar a temática do desenvolvimento à teoria da modernização, que examinaremos mais adiante, indicaram que esses impasses decorriam de uma cultura patrimonialista, tradicionalista e avessa ao universalismo, à racionalidade e à inovação — perspectiva que ainda impera nos estudos latino-americanos nos Estados Unidos, por incrível que pareça. Em grande medida, era nos problemas endógenos de nossos países que as debilidades foram localizadas nesse momento. Contudo, uma outra dimensão logo emergiu como decisiva para comporem-se uma explicação e estratégias capazes de atacar o problema.

Foi assim que, passado o otimismo dos anos 1950-60 (do período de Kubitschek, no Brasil, do governo de Frondizi, na Argentina, do Termidor risonho pós-Cárdenas, no México), com os problemas se evidenciando como mais profundos e renitentes, com o estabelecimento de ditaduras em diversos países ou o endurecimento do regime em outros, e, por outro lado, com a maior penetração do marxismo no mundo acadêmico, um novo ângulo foi introduzido na discussão. Se bem que muitos tomassem também as questões internas como cruciais para entender o "subdesenvolvimento", a relação com o plano externo se pôs como decisiva para a sociologia latino-americana (sob certa influência igualmente das teorias econômicas da Cepal). As teorias da dependência foram o resultado desse movimento intelectual, apresentassem viés mais à esquerda, com eventual corte revolucionário em termos políticos, ou tivessem perfil mais liberal. Era em processos globais, de subordinação e exploração da América Latina — parte da periferia capitalista — pelos países centrais que o problema radicava. Dar um basta a isso era, portanto, imprescindível, ainda que as estratégias pensadas para fazê-lo diferissem de corrente teórica para corrente teórica.

Do ponto de vista de sua difusão, essa foi talvez a contribuição mais genuína, autônoma e duradoura da sociologia latino-americana à sociologia mundial, em particular na versão elaborada por Fernando Henrique Cardoso e Enzo Faletto (1970), não obstante deterem-se seus proponentes em um nível pouco sistemático do ponto de vista teórico. Mais negativo foi o fato de esta temática haver sido deslocada quase que absolutamente do debate sociológico pós-ditaduras em favor de uma concentração quase exclusiva com a democracia, tema que capitaneou — justamente, deve-se deixar claro — a reemergência de uma ciência social latino-americana nos anos 1980-90, principalmente pelas mãos da ciência política, agora autonomizada como disciplina. É hora, contudo, de retomar esse debate e essas questões. O quadro teórico em que se devem inserir, não é preciso dizer, será obrigatoriamente distinto, mais contemporâneo e plural. Trata-se de mobilizar para isso exatamente as teorias que marcaram o desenvolvimento da disciplina nos anos 1970-2000, de preferência com desenvolvimentos que nós mesmos sejamos capazes de lhes emprestar.

Retornar à questão da dependência não deve, contudo, implicar seu confinamento à economia. A posição periférica da América Latina, como tantos autores do passado assinalaram, se afirma nas várias dimensões da vida social, inclusive no que se refere às concepções de mundo e à produção do conhecimento. Tratar-se-ia, segundo alguns, da multifacetada "colonialidade do poder" (Quijano, 1989). A questão é inequivocamente importante, mas a expressão pode induzir a erro se não se percebem verdadeiras soluções de continuidade no processo, sobretudo após as independências do século XIX. A situação periférica moderna difere em aspectos importantes da estrutura de dominação colonial, assumindo formas específicas, que se desdobram em circuitos de poder indiretos e em impulsos endógenos de subordinação, reverência intelectual e alianças de classe com as coletividades dominantes globais. Isso requer teorias e conceitos específicos, o mesmo ocorrendo com as situações em que isso não ocorre — por exemplo, na luta por democracia e direitos —, e com a emergência dos atuais e criativos movimentos sociais latino-americanos.

MODERNIDADE E MODERNIZAÇÃO

Pertencendo à periferia do mundo moderno, os latino-americanos têm com freqüência se perguntado qual a sua relação com essa civilização. Uma questão de identidade e uma questão de interpretação conceitual e empírica se impõem nesse registro. Classicamente, ciente disto ou não, a sociologia respondeu a essas questões, perenes desde a perspectiva da espécie humana em uma de fase de "racionalização" do conhecimento e do pensamento social. Entre nós, não foi distinto o que se passou. Desde os pensadores sociais ensaístas, do século XIX, chegando aos do século XX, muitos já influenciados pela sociologia, o tema da identidade cumpriu papel crucial em nosso esforço para compreender qual era nossa relação com o mundo ocidental e quais as nossas particularidades. Ao mesmo tempo, um esforço cognitivo, de compreensão das características dessas sociedades ou do continente como um todo, cada vez mais sob um prisma científico, marcou as obras de nossos intelectuais. A partir de algo como os anos 1930-40, a sociologia assumiu um grande protagonismo nessa aventura ao mesmo tempo cognitiva, normativa e expressiva. Alguns buscaram mais as nossas especificidades; outros, o que haveria de comum com o Ocidente, e, enfim como nos inseríamos na modernidade.

Nos 1960-70 a "teoria da modernização", mistura de funcionalismo e weberianismo empobrecido, consagrou as teses de nosso tradicionalismo e atraso, que deveriam ser superados por passos que simplesmente nos ocidentalizassem de vez. Isso deixou no subcontinente uma fama ruim para os conceitos de modernidade e modernização. Mas outras teorias muito mais sofisticadas, anteriores à teoria da modernização e outras mais recentes também, permitem uma abordagem renovada e mais interessante do tema. Na verdade, ela é altamente necessária para que possamos enfrentar outros problemas, como os da própria dependência e do desenvolvimento.

A civilização moderna, cujas características originais a sociologia clássica analisou, mudou muito ao longo do tempo. Mais recentemente, alguns decidiram decretar sua morte e, para isso, introduziram a noção de pós-modernidade. A partir do ponto de vista da sociologia, esta não parece ser, todavia, uma posição sustentável, uma vez que as principais instituições da civilização moderna se encontram vigentes, ainda que alteradas por vezes sobremaneira. Sem dúvida, é preciso deixar o funcionalismo e o evolucionismo de lado, se quisermos realmente compreender os desdobramentos da modernidade. Nem de longe isso é o mesmo que jogar fora a grande herança da sociologia na interpretação dessa civilização. No que se segue, delinearei uma sugestão teórica que me parece promissora para enfrentar essa questão contemporaneamente.

A TERCEIRA FASE DA MODERNIDADE

Podemos periodizar a modernidade em três fases. A primeira, liberal, teve no mercado seu principal princípio organizador, com o estado secundando-o, em tese ao menos, de modo acessório. Na América Latina essa fase mostrou-se ainda mais restrita, porém manteve-se durante todo o século XIX como nosso horizonte utópico. Uma crise por volta dos anos 1920-30 resolveu-se com a inauguração de uma segunda fase da modernidade, na qual o estado veio a cumprir papel mais decisivo na vida social, através do keynesianismo e de seu aparato de bem-estar social. O estado desenvolvimentista e arremedos do de bem-estar marcaram a América Latina — também como horizonte utópico nessa segunda fase. Esse período se encerrou nos anos 1970, dando ensejo a uma crise durante a qual emergiu a idéia de pós-modernidade. Hoje, contudo, essa crise me parece totalmente superada, e o que se pode observar é a expansão da terceira fase da modernidade. Mercado (coordenado pela troca voluntária) e estado (baseado em grande medida em hierarquias), assim como grandes empresas, ainda têm um papel crucial a desempenhar nessa nova configuração da modernidade. Redes, como mecanismo de articulação da vida social (baseadas na colaboração voluntária), expandiram-se muitíssimo, em função do aumento da complexidade social e da necessidade de mais flexibilidade para coordená-la.

Castells, por um lado, Boltanski e Chiappelo, por outro, teorizaram essa nova situação dando ênfase às redes. Creio, contudo, que exageraram em seus pontos de vista, uma vez que uma articulação mista, contando com aqueles três mecanismos, é o que impera na vida social contemporânea. Ademais, um desenvolvimento "desigual e combinado" é o que vigora, hoje como outrora, no processo de expansão da modernidade, agora em sua terceira fase. A essa formulação clássica, de Trotsky, deve-se acrescentar um elemento — ou ao menos explicitar algo que de alguma forma já está presente naquela formulação: que o desenvolvimento pode ser também contraditório. Desta forma, a combinação específica e a prevalência de cada um daqueles princípios varia de país para país, de região para região, de dimensão para dimensão da vida social, sendo assim, uma grande heterogeneidade parece marcar essa terceira fase da modernidade. O estado em particular tem mais limites para coordenar a vida social, embora o mercado, a despeito dos sonhos de neoliberais, tampouco seja capaz de responder satisfatoriamente aos desafios do desenvolvimento tecnológico e da solidariedade social. Novas formas são, portanto, requeridas para que isso se efetive no mundo contemporâneo. Na América Latina, em especial, isso põe novas questões para a teoria do desenvolvimento, da dependência e da modernidade.

Amiúde pensamos, no subcontinente, no estado como o grande agente da civilização. Isso continuará a ser verdadeiro em parte, creio, mas a construção de redes sociais e entre estas e o estado se mostra muito mais decisiva do que anteriormente, por conta da complexidade que se impôs em nossas sociedades. Como preservar o universalismo se coloca, assim, como o outro lado da história, se não quisermos ver o desenvolvimento degenerar em benesses para uns poucos grupos ou redes poderosas. Sem dúvida, graves questões políticas se insinuam ao levantar-se esta temática, mas questões teóricas aqui têm também grande importância. É principalmente a sociologia a disciplina que, a meu ver, teria mais condições de enfrentá-la. Por isso, sua vigência, para além de suas tradições, é real. Cabe a nós dar seqüência a essa herança e aos requerimentos que hoje nos põem nesta nova situação. Se a sociologia ainda é uma vocação, trata-se agora de talvez desdobrá-la também com um nível maior de complexidade. Desta forma, poderemos elaborar uma sociologia e uma teoria sociológica adequadas e capazes de enfrentar os desafios do século XXI.

Enfim, é importante introduzir aqui um último conceito, que gostaria de denominar de *giros modernizadores*, operativos em todas as três fases da modernidade. Isso quer dizer sobretudo que os processos de modernização não podem ser tratados como se seu curso fosse previamente dado, como queria a teoria da modernização, nem que o jogo de "estruturas" ou algo semelhante os definisse. Ao contrário, esses processos dependem sempre dos movimentos dos indivíduos e das subjetividades coletivas que tecem a vida social. Não se trata de supor, contudo, que projetos bem definidos e levados a cabo por grupos com forte identidade e organização estejam sempre na base desses giros e da modernização da própria modernidade em sua configuração contingente e histórica. Nem são apenas as classes e dirigentes políticos que efetivam tais giros, ao contrário do que se insinua em geral na teoria da dependência. Na verdade, muitos aspectos do processo de modernização social são o resultado não intencional da ação dos indivíduos e do movimento de inúmeras e variadas coletividades, as quais com freqüência são bastante descentradas (ou seja, evidenciam pouca identidade e organização) e não visam sequer fins claramente definidos. Ademais, é a partir das memórias sociais, reconfiguradas pela criatividade individual e social, que tais giros modernizadores se desdobram.[1]

---

[1]Para esses conceitos, eixos da teoria da subjetividade coletiva, ver principalmente Domingues, 1995a e 1999a. Para a questão dos "giros" modernizadores, ver o extenso argumento apresentado nos quadros de minha teoria da modernidade e sua expressão na América Latina, em Domingues, no prelo.

ESTE LIVRO

O que se sugere, portanto, é uma teoria sociológica sensível aos contextos latino-americanos, porém sem um latino-americanismo particularista. Somos parte da modernidade e para ela contribuímos de forma decisiva, desde seu início. Na verdade, o desenvolvimento das ciências sociais, em especial da sociologia, entre nós, já demonstrou também como essa forma de analisar e explicar o mundo pode se particularizar sem deixar de, no mesmo movimento, se universalizar. Urge retomar, no plano teórico, exatamente esse duplo vínculo. Temos razões e maturidade para tanto.

Aqui, portanto, trato basicamente das questões levantadas no parágrafo anterior. O primeiro texto, escrito com Maria Maneiro, retoma debates sobre o pensamento sociológico latino-americano, propondo uma leitura da teoria da ação e da modernidade na obra de Gino Germani, autor que deu importantíssima contribuição ao debate intelectual no subcontinente. Em seguida, enfrento dilemas econômicos e do desenvolvimento, com certa aproximação à economia política — a meu ver, tão necessária hoje —, globalmente e do ponto de vista das ciências sociais latino-americanas. As questões da nação, do nacionalismo e da cidadania ganham destaque no capítulo seguinte. Logo, em texto redigido com Andrea Pontual, a esfera pública — com uma definição analítica talvez um tanto polêmica —, a responsabilidade e a questão do meio ambiente ganham o centro da cena. Enfim, os novos movimentos sociais que vêm impulsionando a mudança social na América são abordados de forma sucinta, mas, creio, analiticamente produtiva. O livro conclui com dois trabalhos que têm como foco mais direto o Brasil. Primeiramente, procuro pensar sua institucionalidade formal hoje e como ela se relaciona com os processos de democratização em curso. Em seguida, realizo uma avaliação sociologicamente sustentada — embora consista ao mesmo tempo em uma análise de conjuntura em sentido clássico — do primeiro governo Lula. Se o foco dos dois últimos textos é o Brasil, seus argumentos situam o país claramente no âmbito latino-americano. E, de modo geral, a tese da terceira fase da modernidade e os giros modernizadores que a caracterizam percorrem todas essas discussões e análises, buscando localizar a América Latina em um contexto mais amplo, ao fim e ao cabo global.

Vale frisar que este livro, para além de seu foco em discussões de cunho conceitual, também se insere na tradição sociológica latino-americana de uma outra forma: em sua vocação para problematizar o que já em seu subtítulo se caracteriza como os desafios do subcontinente hoje. Na política, na economia, na identidade, nos movimentos sociais, nas políticas públicas, no que tange às instituições internas dos países latino-americanos e à sua inserção internacional, temas que reputo de fundamental importância para seu futuro e que são tratados contando sempre com o aporte — o mais rigoroso possível, deve-se sublinhar — dos instrumentos múltiplos que nos oferecem a sociologia e as demais ciências sociais.

Espero que estes textos ajudem a iluminar certos aspectos do debate sociológico contemporâneo, assim como a despertar o interesse, de todo modo hoje visivelmente crescente, dos leitores e pesquisadores brasileiros pela temática latino-americana concreta que lhes serve de esteio.

CAPÍTULO 1 Revisitando Germani:
a interpretação da modernidade
e a teoria da ação*
(com María Maneiro)

*Publicado em *Dados*, vol. 47, nº 4, 2004; e *Desarrollo económico*,
vol. 44, nº 175, 2004.

INTRODUÇÃO

A sociologia foi originalmente um empreendimento europeu e norte-americano, consistindo em uma resposta a mudanças de largo alcance que varriam o mundo ocidental. A sociologia clássica — ou ao menos o clássico corpo da sociologia clássica — está portanto vinculada a esta região, embora problemas importantes de conceitualização tivessem de ser tratados aqui de modo que um argumento mais substancial fosse desenvolvido. Pode-se vê-la como se estendendo da obra de Marx, Weber e Durkheim a Parsons e ao interacionismo simbólico, por exemplo. Já no século XX, a assim chamada América "Latina" juntou-se à linha de frente da expansão da sociologia, incluindo nomes como os de Pablo Gonzalez Casanova, Florestan Fernandes e Gino Germani, entre outros. Será sobretudo em algumas idéias pioneiras e seminais deste último que nos deteremos aqui.

Por volta da década de 1950, Germani produziu algumas análises históricas e ferramentas analíticas que apenas mais recentemente foram desenvolvidas pela sociologia contemporânea. A liberdade, a "ação eletiva", a contingência e a escolha foram os eixos em torno dos quais se concentrou a sua teorização mais original. Decerto essas idéias estavam estreitamente vinculadas a uma perspectiva funcionalista estrutural e a uma abordagem próxima à teoria da modernização, questões que têm sido o principal foco de atenção até agora em relação à obra de Germani, embora certos aspectos de seu projeto mais geral já tenham sido destacados, especialmente por Alejandro Blanco (1998, 1999, 2003a e 2003b). Após esboçar esse quadro mais geral de sua perspectiva sociológica, neste artigo nos concentraremos em algumas de suas idéias teóricas mais heterodoxas, algumas das quais parecem ser uma contribuição ainda, em certos aspectos sutis, incomparável à teoria sociológica — à teoria da ação e à interpretação da modernidade.

Procederemos por meio de três passos. Primeiro reveremos sua discussão — funcionalista — da modernidade, na qual a noção de "populismo" ocupa lugar de destaque, localizando-se aí sua face mais conhecida. Em seguida, deter-nos-emos em sua compreensão da liberdade em uma perspectiva histórica e sociológica, principalmente no que diz respeito a como a questão se punha na sociedade argentina de sua época, articulando isto a seu projeto intelectual mais amplo. Trataremos então de sua contribuição teórica original, especialmente de seu conceito de "ação eletiva". Ela será relacionada a contribuições mais recentes, tais como a teoria da estruturação de Anthony Giddens, estendendo-se ainda ao seu conceito de "desencaixe", bem como à teoria neopragmatista da ação de Hans Joas. É nossa intenção demonstrar que existem ainda certos aspectos da abordagem de Germani que podem ser úteis para a construção de teorias da ação e para a conceitualização da modernidade. Antes disso, vale destacar alguns aspectos fundamentais da trajetória de Germani, uma vez que este autor passou por certo ostracismo que de modo algum faz jus à sua obra e às diversas intuições importantes que legou à sociologia.

APROXIMAÇÕES À AMÉRICA LATINA

Germani nasceu em Roma, em 1911. Começou a estudar na Itália, mas logo decidiu emigrar para a Argentina, após ser preso pelo governo fascista de Mussolini por conta de suas inclinações socialistas. Em 1938, inscreveu-se na Universidade de Buenos Aires para estudar filosofia. Ali participou ativamente da vida estudantil, trabalhou no Ministério da Agricultura e conheceu ainda Ricardo Levene, historiador e professor de sociologia na Faculdade de Filosofia e Letras, que, na época, estava organizando o Instituto de Sociologia e projetava estudos sobre a Argentina contemporânea. Germani trabalhou com Levene até 1945. Durante o período peronista, fora da universidade, dedicou-se a ler e preparar uma grande quantidade de traduções e publicações de autores desconhecidos no país e na região, entre os quais se destacavam Raymond Aron, Margaret Mead, Erich Fromm, Bronislaw Malinowski e Kurt Lewin. Além de dar palestras e seminários, nesse período, começou a trabalhar na sua grande obra, *Estructura social de la Argentina*, de cunho essencialmente empírico (Germani, 1955).

A origem da sociologia na Argentina, em termos institucionais, esteve fortemente vinculada ao retorno de Germani à universidade. É em 1956 que ele começa um projeto sólido e coerente de construção de conhecimento científico, somente possível graças à energia de um grupo de pesquisadores sob sua direção. Germani, segundo Giarraca, estava convencido de que se estava criando uma sociologia universal, nova, guiada pelos padrões de procedimento científico e por estritas regras internacionais; nesse sentido, ele reconhecia na sociologia norte-americana a configuração mais avançada da sociologia científica (Giarraca, 1991; ver também Germani, A. A., 2004). No entanto, suas matrizes teóricas foram bastante amplas e incluíram um espectro plural.

Embora a sociologia científica não tenha nascido, no sentido cabal do termo, com a sua intervenção (Di Tella, 1979; Roig, 1985; Giarraca, 1991), foi a partir de sua atividade na universidade e como editor que mudaram temas e vocabulário (Blanco, 2003b), assim como os métodos e as técnicas de pesquisa e medição (Di Tella, 1979), constituindo-se um "campo" intelectual específico (Neiburg, 1997). No entanto, Germani não só é importante porque constitui uma personificação fundamental da institucionalização da sociologia na Argentina, mas porque se pode reconhecer nele um importante teórico. Muitas vezes, todavia, foi percebido como um exemplo de aplicação da teoria parsoniana. De fato, Parsons está bastante presente em sua produção intelectual, a partir de certo momento; apesar disso, alguns trabalhos recentes desmistificaram uma suposta relação mecânica e unívoca entre as abordagens de Parsons e Germani, além de contribuir para a compreensão de como o primeiro foi recebido pelo segundo (Blanco, 2003a e 2003b).

Germani não só foi reconhecido socialmente como o fundador da sociologia "científica" na Argentina, mas também como a personificação de um tipo específico de construção de uma perspectiva segundo a qual as ciências sociais assumiriam o papel da geração do conhecimento dos meios da ação social, da produção da racionalidade instrumental, ou seja, nas palavras de Mannheim, das ferramentas para o planejamento e a "reconstrução racional da sociedade". Contudo, suas preocupações vão muito além desse limite: o próprio Germani afirma que o problema da racionalidade final encerra nada menos que o futuro da civilização moderna e da liberdade, sem que ele seja capaz de perceber se a análise deste tema será enfrentada pela sociologia, a filosofia ou um domínio próprio do conhecimento não racional (Germani, 1946). Emerge, assim, um Germani mais complexo do que as leituras que enfatizavam sua vinculação com o funcionalismo estrutural permitiam discernir.[1] Se esta é a imagem que ele criou de si mesmo a partir de certo momento, marcando uma posição específica no campo intelectual mais amplo, suas preocupações são bem mais abrangentes e heterogêneas do que isto permitiria supor.

RUMO ÀS SOCIEDADES INDUSTRIAIS

É importante inicialmente delinear a teoria de Germani em seus termos gerais, no que a influência do funcionalismo é bastante clara. Primeiramente, porque foram essas idéias que se estabeleceram como o legado mais visível de Germani. E, em segundo lugar, porque o próprio leitor poderá contrastá-las com outros elementos, de colorido distinto, que mais tarde introduziremos. Antes de dar esse passo, deve-se precisar o papel do funcionalismo no curso da evolução intelectual de Germani. Na verdade, previamente ao encontro com as correntes principais do funcionalismo norte-americano, sobretudo com Parsons, é patente a influência do funcionalismo mais simples de Durkheim em seu pensamento. Foi em grande medida com esse arcabouço teórico que ele abordou, *já em 1956* (Germani, 1965, cap. 9), a crise e a suposta anomia da sociedade argentina de meados do século XX e a emergência do peronismo, questões sobre as quais nos debruçaremos na próxima seção. Continuidades e inflexões, de caráter teórico e político, podem ser encontradas nesta evolução. Por

---

[1]Entre os autores que relacionam as interpretações de Germani com o funcionalismo estrutural destacam-se Dennis (1964), Delich (1977), parcialmente Verón (1974) e De Ípola (1989).

ora, para delinear sua teoria geral e da transição à modernidade, não nos deteremos em maiores precisões no que tange à data de publicação de seus trabalhos, uma vez que já em meados dos anos 1960 o arcabouço mais geral do funcionalismo estrutural organizava claramente seus argumentos. Mais adiante, ao contrário, a ordem de publicação de seus trabalhos se mostrará decisiva.

Segundo Germani, devia-se abordar a estrutura social como uma totalidade, a qual define como mundo "sociocultural", como um conjunto de partes vinculadas entre si e interdependentes. A noção de interdependência não supõe, contudo, necessariamente a integração, o equilíbrio ou a harmonia entre as diferentes partes. Nas relações entre elas ou em si mesmas, como construções sócio-históricas em contínua mudança, existe a possibilidade de desarticulações, conflitos, tensões, desintegrações e assimetrias. A idéia de interdependência salienta que modificações em alguma das partes afetarão, embora não de forma imediata, as outras partes e a estrutura social em geral (1965, p. 37). Germani (1965, p. 19-23) sugere analisar a estrutura social a partir de três níveis que não podem ser considerados nem de maneira isolada nem dissociados uns dos outros, mas sim como três momentos inseparáveis — quais sejam, o plano da organização social, o da morfologia social e o plano da psicologia social. O primeiro está constituído pela dimensão imaterial e não manifesta do mundo sociocultural: as normas, os valores, os conhecimentos em si, abstraídos dos portadores humanos. O segundo plano, o da morfologia social, tem como ponto focal a superfície material do mundo sociocultural, implicando os grupos sociais. O terceiro é o plano da psicologia social, que salienta os conteúdos psíquicos; o alvo central da análise é a indagação a respeito das pautas de comportamento, as normas e os

APROXIMAÇÕES À AMÉRICA LATINA

valores, tal qual incorporados pelos indivíduos e pelos grupos sociais (Maneiro, 2002, p. 67-9).

É muito claro que o modelo apresentado no que foi provavelmente o último texto escrito para figurar em *Política y sociedad em una época de transición*, visando analisar a estrutura social, possui grandes similitudes com aquele que propõe Talcott Parsons em *The Social System* (1951), que Germani todavia cita somente com referência à definição de sociedade como delimitada pelo estado-nação e quanto à questão dos status e papéis, e não no que tange a suas distinções analíticas fundamentais (Germani, 1965, p. 20-4). O plano da organização social tem muitas semelhanças com a cultura, o da morfologia social com o sistema social, e o plano da psicologia social com a personalidade. Além disso, as relações entre eles também têm muitas afinidades, já que ambos os autores enfatizam as relações do plano da organização social (a cultura) com o plano da psicologia social (a personalidade), definindo-o como um processo de internalização, embora a direção oposta não esteja ausente. Este processo de internalização da cultura pela personalidade é uns dos principais elementos de manutenção da integração em uma estrutura social, porém não o único. Contudo, em toda sociedade empírica registra-se certo grau de "desintegração", havendo períodos em que esta será particularmente intensa ou abarcará áreas fundamentais da atividade humana. Este é o caso da transição das sociedades "tradicionais" às sociedades "industriais" (Germani, 1965, p. 117-26).

O modelo teórico de Germani tentava compreender e interpretar as transformações de sua época. Ele pretendia utilizá-lo para dar conta do que nomeava como a emergência do populismo, cuja matriz de análise logo depois será aprofundada. O populismo constitui, segundo ele, um tipo particular de movimento social e político que é produto de uma modalidade assincrônica dos processos de transição da sociedade. O conceito de assincronia (Germani, 1965, p. 17; mais precisões nas p. 98-109) refere-se à co-presença de grupos sociais, atitudes, formas culturais, instituições e tipos de personalidades correspondentes a diversas fases dos pólos da oposição entre a sociedade calcada na ação adscritiva e a sociedade industrial.

Toda transição social inclui um processo de mobilização social. Esta é entendida por Germani (1969, p. 59-69) como possuindo uma série de momentos que podem produzir-se de forma sucessiva ou simultânea. O ciclo começa com um estado de integração em direção a um processo de quebra ou desintegração, que resultaria enfim em uma nova integração, passando por um deslocamento de indivíduos ou grupos sociais, postos em "disponibilidade", uma resposta a este processo (que pode ser ora uma retração, ora uma mobilização psicológica) e uma mobilização objetiva. No momento em que a disponibilidade se traduz em participação mais intensa do que se produzia anteriormente, deve-se falar em mobilização. Quando, por fim, se tenham produzido mudanças que permitam legitimar e oferecer possibilidades efetivas de aumento agregado da participação dos grupos mobilizados falar-se-á de integração. A partir do processo de mobilização social, pode-se produzir desde uma transformação na estrutura do mundo sociocultural até uma assimilação desse processo que iniba sua potencialidade de transformação. Logo, o resultado é contingente, não está garantido (Germani, 1969, *passim* e em particular p. 67).

Em geral supõe-se que, nos processos de mobilização social, as elites assumem um papel mais ativo que as massas, tanto na iniciativa como na liderança e na organização. Mas nem todo processo de mobilização social alude à existência de uma elite. Pelo menos analiticamente, devem-se delinear três situações possíveis: a mobilização com a intervenção ativa de uma elite externa à massa, a mobilização com a intervenção de uma elite interna ao grupo deslocado e a mobilização sem liderança. Concretamente estas três possibilidades não se apresentam em forma pura, mas sim articuladas e combinadas. Nesta perspectiva, a articulação entre elites disponíveis e massas disponíveis poderia oferecer elementos mais favoráveis ao surgimento de movimentos em prol de uma mudança social. Embora nas tipologias que estabelecem os elementos de diferenciação entre as sociedades de tipo "tradicionais" e as sociedades "industriais" Germani apresente uma grande pluralidade de aspectos, três deles desempenham um papel fundamental no processo de mudança social: o tipo de ação e a preponderância, na modernidade, das ações eletivas; a institucionalização da mudança (*versus* a institucionalização da tradição); e a diferenciação e a especialização crescente das instituições (Germani, 1965, p. 71-5).

Claramente, esses três elementos derivam de fortes tradições teóricas, surgindo do legado das grandes escolas da sociologia clássica. As duas últimas, sem dúvida, ecoam a obra de Parsons, embora não seja correto identificar nele o único porta-voz dessa recuperação da sociologia clássica. A especialização e a diferenciação crescentes já se encontravam presentes, por exemplo, na referência de Durkheim à passagem da solidariedade mecânica à orgânica — tema que posteriormente as correntes funcionalistas adotaram como decisivo (Domingues, 1999a, cap. 4). No segundo ponto, a proximidade com Parsons também é forte, mas a idéia de institucionalização da mudança não alude apenas a ele, e sim a toda uma forma de compreender esse tipo de processo, característico de sua época, o qual encontrava diversos referentes na sociologia e, especialmente, na antropologia norte-americana, entre eles Robert Redfield, Ralph Linton e Melevile Jean Herskovits (Blanco, 2003b). Ainda quanto àquele primeiro elemento, vale notar que, apesar de poder-se perceber certo ar de família no que se refere a uma das "variáveis de orientação" (*pattern variables*) parsonianas (como ferramentas eficazes para as distinções entre tipos de ações), é claro que Germani também se distancia disto quando afirma explicitamente que, em relação às variáveis de orientação, somente a diferenciação entre as formas adscritiva — particularista — e de desempenho universalista parece ser convincente no que tange à sua aplicabilidade a outras formas históricas de sociedades industriais (Germani, 1965, p. 79).

Enfim, a teoria das "elites" — atores coletivos que têm papel crucial na interpretação de Germani da transição e do peronismo, embora ele não elabore de modo algum o tema — possivelmente foi incorporada de forma mais direta da obra de Pareto e Mosca, autores italianos que escreveram já na primeira metade do século XX e decerto lhe eram familiares nas publicações originais. É a partir desta perspectiva também que ele introduz o tema do totalitarismo, tão em voga naquele momento entre os opositores liberais do fascismo e do comunismo, ainda que tampouco aí Germani apresente uma formulação mais elaborada conceitualmente. De qualquer forma, ainda que o modelo que serve de medida para a realidade específica latino-americana seja dado pelo desenvolvimento da sociedade moderna liberal européia, Germani se afasta em parte da teoria do totalitarismo ao perceber que a participação das massas constitui-se em um fator central para o surgimento e legitimação do "populismo" (ver Barboza Filho, 1980).

Sabe-se que a análise do peronismo, a preocupação com os totalitarismos e as relações destes com as classes trabalhadoras são inquietações primárias no pensamento de Germani. Para tentar dar conta dessas questões é que ele procuraria um modelo teórico que, como dito, encontrou no funcionalismo estrutural seus pontos de apoio. Contudo, parece possível crer que suas preocupações originárias não conseguem se encaixar totalmente nele. Na verdade, a interpretação histórica de Germani já estava em grande parte pronta e acabada quando ele introduziu o funcionalismo estrutural em sua discussão. Ele a superpôs àquela interpretação histórica, de certa forma confundindo um pouco o leitor na medida em que o quadro teórico do funcionalismo terminaria abrindo o livro, enquanto suas discussões mais diretamente relacionadas ao imaginário e à história ficariam em capítulos posteriores na organização do volume, embora não no que diz respeito às datas originais de publicação (ver Blanco, 2003b). Na verdade, os artigos — transformados em capítulos de *Política y sociedad en una época de transición* — são os seguintes, por ordem de publicação ou preparação original: capítulo 9 (1956), capítulo 4 (1957), capítulo 6 (baseia-se em um artigo de 1960), capítulo 3 (reelaboração de diversos trabalhos de 1958 até 1960), capítulo 8 (1961), capítulo 7 (1961), capítulo 5 (baseia-se em um artigo de 1961). Os capítulos 1 e 2 — mais tardios —, antes de sua publicação no livro em tela, circularam apenas privadamente entre estudantes dos cursos ministrados por Germani. Ainda que esta disparidade de datas seja de certo modo camuflada na disposição sem maiores detalhes dos artigos no livro, deve-se notar que uma certa tensão, no que tange à interpretação do peronismo em termos estruturais e políticos, se patenteia em suas páginas. Quanto mais o funcionalismo estrutural se impõe sobre a matriz funcionalista durkheimiana original, mais Germani interpreta o peronismo de forma univocamente negativa, produzindo uma certa heterogeneidade em sua argumentação. A essas razões de ordem teórica, que podem ter influenciado esta inflexão, é mister acrescentar outras, de ordem propriamente política, que remetem ao endurecimento do debate sobre o peronismo e provavelmente às disputas práticas que dividiram de modo profundo a sociedade argentina, desde o período em que ocorreu a publicação de seus primeiros trabalhos até a redação de seus textos posteriores sobre o tema.

A LIBERDADE E A HISTÓRIA, O PERONISMO E O RECONHECIMENTO

Em termos muito resumidos e esquemáticos poder-se-ia traduzir o modelo mais cristalizado e duro de explicação do peronismo proposto por Germani (1965, caps. 5, 7 e 8) da seguinte maneira: inicialmente, a situação de brutal deslocamento da população, gerada por volumosas migrações internas do campo para a cidade, produz uma radical "disponibilidade" destas massas populares. Como efeito desse processo, ocorre a mobilização psicológica dessas massas, que deságua em uma mobilização objetiva, isto é, em uma irrupção na vida social e na busca de espaços na vida política. Simultaneamente, ocorriam enormes mudanças no mundo, como resultado da crise econômica de 1930, a qual causou forte impacto na Argentina, bem como a expansão do fascismo pela Europa. A elite conservadora buscou, então, voltar a limitar a participação das massas, tentando retroceder o tempo às formas políticas anteriores excludentes, social, política e economicamente. Contudo, isso já não era factível, e "...uma nova intervenção militar com objetivos totalitários interrompeu a experiência conservadora de 'democracia limitada por meio da fraude'" (Germani, 1965, p. 231).

É certo que, se a participação das massas era inevitável, não havia uma só forma para que ela fosse exercida. Poder-se-iam definir diversos equivalentes funcionais de "integração" destes agentes à vida política. Este processo de integração poderia ter ocorrido no contexto de uma via democrática, o que seria o desejável e esperável em uma situação "normal" de transição à sociedade industrial. Mas isso não aconteceu. Na Argentina produziu-se uma via "nacional-popular" específica, sem que se tenha porém gerado uma verdadeira integração. Para Germani a problemática argentina apresenta então extrema complexidade, porque esta outra via não é propriamente um equivalente funcional de integração social. Origina-se assim uma "integração" das massas populares no contexto do totalitarismo, sendo esta, para Germani, a tragédia argentina. O regime peronista, como típico movimento "nacional-popular", pela origem, pelo caráter da sua liderança e pelas circunstâncias de seu surgimento, estava destinado a representar um *ersazt* de participação política para as classes populares, representando uma manipulação por parte das novas elites argentinas. Sua queda só foi possível por causa de suas limitações internas, e a principal delas é que a participação ilusória devia ser transformada em uma intervenção real, modificando-se profundamente, o que implicava problemas insuperáveis devido à sua própria natureza. Dados esses problemas e limites, Germani estava longe de achar que esta segunda vertente operara de forma similar às funções de integração possível através da via democrática.[2]

Deve-se notar, todavia, que em outras passagens do livro, escritas anteriormente e menos indispostas politicamente com o peronismo, bem como menos marcadas pelo funcionalismo norte-americano, Germani oferece uma interpretação mais complexa e sutil daquele regime. Nessas passagens já encontramos a interrogação posterior sobre as funções desde tipo de "integração trágica", mas ela está longe de ser exclusiva. Pelo contrário, entram em cena outras indagações — sobre possíveis determinações históricas, ou seja, sobre como operam as memórias que abrem, mas também limitam, as possibilidades políticas e sociais em sociedades concretas — e temas — como os efeitos dos processos rápidos de industrialização, migração e urbanização massiva, e também os fatores que afetam as características fundamentais dos grupos sociais, tanto das classes populares (com escassas experiências sindicais) como das classes médias (sem tradições de prestígio, porém ainda não proletarizadas) (Germani, 1965, p. 241-2). Ao mesmo tempo, no que tange à questão da integração das massas populares, ele inclui em sua exposição a importância e necessidade de seu reconhecimento, emprestando centra-

---

[2]Murmis e Portantiero (1969) ofereceram a principal crítica, teórica e empírica, à interpretação de Germani sobre o peronismo, com referência em particular a suas teses sobre as migrações internas. Ver ainda Ramos (1957), Peña (1971), Di Tella (1965), Laclau (1978) e Torre (1989), entre outros. Aparentemente, o próprio Germani, por razões políticas e talvez pelo endurecimento do debate, enfatizaria a questão das migrações e as limitações da nova classe trabalhadora, abraçando também cada vez mais os aspectos funcionalistas de seu argumento e aproximando-se depois da "teoria da modernização" (Germani, 1969, 1973a, 1973b e 1978). Em contrapartida, outros elementos que destacaremos adiante, sobretudo a liberdade "concreta" que o peronismo significou para os trabalhadores, são esquecidos.

lidade à problemática da construção da própria liberdade dessas massas.

Para Germani, as massas populares não obtiveram nenhum avanço em relação à necessidade de realizar reformas estruturais sob o peronismo. No entanto, o balanço é muito diferente no que concerne aos outros dois elementos centrais no processo de integração real: a aquisição da consciência de seu poder e o reconhecimento de seus direitos trabalhistas. Tomando como matriz os escritos de Simone Weil — *La Condición ouvrière* —, Germani desenvolve reflexões interessantes acerca do exercício do poder dos trabalhadores e de sua autoconsciência, tanto no contexto do 17 de outubro como, em geral, nas lutas sindicais e especialmente nas greves que promoviam.[3]

Haverem as massas ganho a liberdade — a liberdade imediata dos trabalhadores de poderem afirmar seus direitos ante os patrões, de vivenciar a organização sindical, de sentir-se donos de si próprios, de serem reconhecidos como iguais — consiste no elemento central das teses de Germani, àquela altura, acerca do peronismo. Posicionando-se contra a inter-

---

[3] O 17 de outubro é considerado amiúde a data de "fundação" do peronismo, o dia dos *descamisados* e da *lealdade*. Foi então que ocorreram cenas jamais vistas em Buenos Aires. Subitamente, os trabalhadores pobres chegaram dos bairros suburbanos e foram se concentrando nos pontos mais importantes do centro da cidade com o grito de liberdade para Perón, que fora encarcerado poucos dias antes. A oposição nomeou essa multidão que tomou o espaço público de "aluvião zoológico", uma vez que em seu imaginário aqueles acontecimentos não faziam sentido. O caráter e a manufatura dos episódios foram por anos temas de debates entre os historiadores e cientistas sociais. Em um pólo, encontram-se os autores que salientam o caráter espontâneo da jornada e a pouca experiência política dos participantes, no outro, estão aqueles que enfatizam o papel dos sindicatos e seus quadros nesse dia.

pretação que nomeia como a teoria do "prato de lentilhas", segundo a qual o apoio popular aos movimentos nacional-populares, concretamente o peronismo, derivava da suposta priorização de interesses e vantagens materiais pelos trabalhadores, Germani afirma que os resultados mais importantes devem ser buscados no reconhecimento dos direitos e na circunstância fundamental de que, desde esse momento, as massas populares têm de ser levadas em conta. O que importa realmente é a sua "experiência de participação". Por isso elas apoiaram tão entusiasticamente o regime de Perón. Para os intelectuais e as classes médias, o regime podia se mostrar essencialmente autoritário. Em particular para os primeiros, a liberdade de expressão era uma "liberdade concreta". Mas este não era o caso dos trabalhadores, para quem isso queria dizer pouco. A limitação da liberdade de expressão podia coexistir como outras "significativas experiências de liberdade". Afinal, os trabalhadores nunca participaram de fato da "alta política" — sentindo, em contrapartida, que haviam ganho a "liberdade concreta de afirmar seus direitos contra capatazes e patrões...". Isso não derivou apenas, portanto, de uma "pseudoliberdade" oriunda da demagogia do ditador, já para não falar de que o peronismo não atingiu a "perfeição técnica do totalitarismo" (o nazismo e o fascismo italiano, deve-se supor) (Germani, 1965, p. 161 e 240-4).[4]

---

[4]É neste sentido que Inés Izaguirre afirma que "talvez porque a busca da liberdade o tinha obcecado desde a sua adolescência, Germani soube ver estes significados diferentes do peronismo para as distintas classes: reconheceu sempre o conteúdo libertador que tinha para o trabalhador e para o militante sindical frente aos patrões e como lhes permitia sentirem-se não submetidos, à diferença do que ocorria com as camadas médias e particularmente com suas frações ilustradas" (Solari, 2000, p. 498).

APROXIMAÇÕES À AMÉRICA LATINA

Na verdade, na comparação e diferenciação que Germani constrói entre o fascismo e os movimentos nacional-populares latino-americanos, é este tipo de questão que faz com que a opção das massas populares nestes últimos não seja efetivamente "irracional", como fora a opção das classes médias naquele. Apesar de reconhecer que nesses movimentos nacional-populares existia um certo grau de irracionalidade, e que a opção racional mais profunda teria de ter sido a democrática em sentido mais amplo, também admitia que, como observado acima com referência aos elementos de "liberdade concreta" que expressavam, esses movimentos continham alguns aspectos de democracia substantiva — ausentes nos regimes europeus. Ademais, uma via democrática efetiva, nas condições em que se encontrava a Argentina depois do golpe de Estado de 1930,[5] era impossível (Germani, 1965, p. 251). Germani tece este argumento a partir das características subjetivas que apresentavam as classes populares na década de 1940, seu ingresso recente à vida urbana e às atividades industriais, sua débil ou nula experiência política, seu baixo nível educativo, suas precárias possibilidades de informação e os limites que as circunstâncias objetivas opunham à sua ação política, assim como as resistências oferecidas pelas elites tradicionais, cegas ante a necessidade de mudanças e avessas à democracia.

Deparamo-nos aqui com um tema central na obra de Germani, o qual permeava todas as discussões intelectuais da época, no contexto da ascensão do peronismo, e para o qual,

---

[5]Em setembro de 1930 se produz na Argentina um golpe de Estado com o qual assume a presidência José Félix Uriburu, dando início ao período que seria conhecido como a "década infame", caracterizado pelo autoritarismo e pela fraude eleitoral.

ele como tantos outros, procurou uma resposta específica, produzindo um de seus textos, na verdade, mais citados: a *crise* das sociedades modernas. Publicado também muito antes do encontro de Germani com Parsons, esse texto acabaria incluído em *Política y sociedad en una época de transición*, como seu capítulo 9 (Neiburg, 1997, cap. 5). Vale notar que Germani (1946, p. 12) já havia inclusive anteriormente definido a sociologia como a "ciência das épocas de crise". E, naquele contexto, tratava-se na verdade de uma *crise total*, individual e coletiva (Germani, 1965, p. 233):

> As tensões psíquicas a que está submetido o homem contemporâneo, a chamada crise da personalidade, vinculam-se sem dúvida a esta necessidade de escolher em condições demasiadamente mutáveis, sem possuir, por outro lado, uma formação espiritual adequada para essa escolha. Isto não significa (...) que a passagem do tradicional a um sistema que requer do indivíduo uma crescente capacidade de autodeterminação não deva ser considerada um avanço (...) No começo esta liberdade foi patrimônio somente das *elites* (...) ela se estende agora à grande maioria, ao homem comum, e isto representa um progresso magnífico. Mas ao mesmo tempo representa um grave perigo, pois, para que essa liberdade possa ser efetivamente exercida, é necessário contar com as condições objetivas e subjetivas adequadas, e tais condições na atualidade não existem... (Germani, 1965, p. 234).

Em um mundo em mutação constante, no qual a tradição perdera seu poder sobre as pessoas, a *reflexividade* — que ele trata como sinônimo de racionalidade, como sói acontecer em toda a tradição ocidental — passa a ter uma importância enorme, sem que possa ser contudo efetivamente exercida por todos. Mesmo a democracia política não oferecia de forma generalizada as possibilidades reais "...de utilizar efetivamente a liberdade e de exercer os direitos que formalmente pertencem a todos", para além de uma concepção abstrata e retórica. Ao contrário, era necessário que ela fosse sentida como algo "real e concreto". A comunidade local, solução de sabor toquevilliano, surge então em seu argumento como sendo de fundamental importância para isso. Ademais, a empresa se impõe como um domínio crucial para que a liberdade e a responsabilidade assumam um caráter de experiência concreta, eficaz, sobretudo mediante a participação dos trabalhadores em sua direção, ao lado, mas de forma mais avançada que o aspecto meramente sindical (com o que, aliás, antecipa as idéias de *Mitbestimmung* que a social-democracia alemã viria a adotar). As elites argentinas deveriam admitir esses passos se não quisessem a perpetuação do peronismo, ao mesmo tempo um *ersatz* de participação e possibilidade de participação efetiva, embora limitada, e liberdade concreta para os trabalhadores (Germani, 1965, p. 236-7).

A caracterização das condições objetivas e subjetivas da liberdade é proposta de forma mais ampla em textos do mesmo período, em que Germani prefacia as obras de Erich Fromm e Harold Laski — com o que a correção da tese de Blanco (2003a) a respeito da relevância de sua atividade editorial se evidencia sobejamente. Em relação à tradução para o castelhano do livro de Laski, *La liberdad en el Estado moderno*, Germani introduzia o tema da crise total da sociedade ocidental. Porém, em vez de conformar-se com sua decadência e ocaso, ele demandava sua ampliação para além da sociedade e do estado liberais. Tratava-se agora de conquistar a "liberdade positiva" do socialismo, baseada não na propriedade, mas nos direitos próprios da personalidade, compatibilizando-a com a planificação (Germani, 1966, cap. XI). Já no prólogo a *Las condiciones subjetivas de la liberdad*, de Fromm, Germani (1966, cap. XII) assinalava que, do ponto de vista da personalidade, a democracia só podia se expandir caso aquela se desenvolvesse de modo a tornar-se autônoma e capaz de decisões racionais. Havia muitas possibilidades abertas, mas estava-se perto também de uma catástrofe, uma vez que se vivia uma crise da individualização e impunham-se fortes tendências à homogeneização, de retorno a posições adscritivas e de entrega dos indivíduos a uma liderança forte. É interessante observar que esta temática marcou desde sempre a abordagem de Germani, em confluência com seu funcionalismo originário de corte durkheimiano.

Em seu primeiro texto relevante sobre a modernidade de modo geral, Germani enfrentara o problema da anomia e da desintegração social que resultavam da transição para uma sociedade diferenciada, na qual a "atomização" dos indivíduos era um sintoma e conseqüência de uma integração social incompleta. Mas a crise era sobretudo de "crescimento", pois o processo de individuação gerado pela evolução social era em si positivo, devendo ser contudo "harmônico", o que não ocorria naquele momento em função dos ritmos diversos que eram imprimidos às distintas partes do organismo social no processo de transição. Apoiando-se em Mannheim, Germani afirmava que em particular as faculdades humanas haviam se desenvolvido desigualmente — a técnica e a ciência haviam avançado muito mais que a ordem moral e social, sem que o domínio racional da sociedade se estabelecesse; tampouco era o indivíduo capaz de controlar seus impulsos e sustentar uma "personalidade autônoma". Via-se assim em disponibilidade, pois as estruturas sociais, em particular a educação, ainda não se mostravam capazes de prepará-lo para lidar com mudanças extremamente rápidas. Além de tudo, oscilações profun-

APROXIMAÇÕES À AMÉRICA LATINA

das e problemáticas da técnica e da economia geravam fenô-
menos como inflação e desemprego em massa, logo instabilidade e insegurança. As pessoas se viam privadas de "mapas"
capazes de guiar-lhes socialmente; uma grande angústia, sem
"objeto definido", derivava dessa situação de desorientação.
Assim a "massa dos homens 'comuns'" era obrigada a "escolher", em condições mais ou menos livres, "(...) consciente e
deliberadamente, os valores e as normas que hão de regê-los",
sem recursos adequados para uma tarefa tão complicada. Essa
situação se dramatizava ao serem eles por outro lado expos-
tos a "técnicas tipificadoras", tema que Germani descobrira
em Fromm (citado ainda da edição original) e complementava
sua leitura de Mannheim (Germani, 1945, p. 55-62).

Esses temas seriam retrabalhados ao longo do desenvolvimento de sua obra. Germani tecia assim, em especial à medida que avançava intelectualmente, sua perspectiva sociológica
tomando como ponto de partida um dos temas centrais, senão o mais central, do imaginário moderno: a *liberdade* (ver
Domingues, 2002a, caps. 1-2). Metodologicamente, embora
não discuta a questão de maneira nenhuma, pode-se mesmo
sugerir que, em lugar de — ou ao menos em paralelo a — uma
descrição estrutural, o que realiza é uma abordagem *hermenêutica* de caráter geral. Por outro lado, se não avançou realmente em direção ao existencialismo, por exemplo, até mesmo
certo colorido quase sartriano pode ser divisado em seus textos. É verdade que o próprio funcionalismo parsoniano, como
veremos adiante, não desconheceu esta questão. Secunda-
rizou-a, contudo, ao abraçar preferencialmente a questão da
ordem. Germani não dá esse passo, ao contrário. Sua discussão sobre a passagem da sociedade "tradicional" à "industrial",
em que pesem as referências, de modo algum descabidas,
ao tema da integração social (que em seu caso poderia ser

traduzida por um outro termo, também crucial para o imaginário moderno: a *solidariedade*) e, bem mais problemáticas, ao "populismo", põe ênfase na questão da liberdade, portanto da contingência acrescida que caracteriza essa civilização e da demanda de autodeterminação por parte de indivíduos e grupos, não obstante os problemas que ameaçavam esses desenvolvimentos. Inclusive sua própria tipologia da ação social, que seria utilizada de forma decisiva em seu esquema funcionalista, tem em seu núcleo o tema da liberdade, tratada de outra forma quando ele se refere à questão da "ação eletiva". É precisamente a ela que devemos agora nos remeter.

AÇÃO ELETIVA E LIBERDADE

A influência de Parsons no esquema geral da ação de Germani é, explicitamente, vasta. Ele define a ação com ênfase, para começar, no "marco normativo", tema sempre de grande peso na obra parsoniana, embora destaque também que o "fim" da ação é decisivo e que toda ação afinal tem resultados. Três feixes conceituais organizam o esquema de Germani: 1) o ator, que seria o "indivíduo" ou o "grupo"; 2) a situação, que se comporia de fins, meios e condições; 3) o marco normativo, incluindo normas e pautas, valores e conhecimentos. Quanto ao ator individual, no que parece ser um plano mais concreto de análise, trata-se por um lado de pessoa, de um ser socializado — no que ele explicitamente reconhece a relevância das formulações de Georg Mead, cuja obra fez publicar em castelhano e prefaciou; e, por outro, de um feixe de status e papéis — o que se aproxima da categorização parsoniana no plano analítico (Germani, 1965, p. 49-53).

Antes de seguir com a exposição desse esquema analítico, algumas ponderações fazem-se necessárias. De início, deve-se observar que ele é muito simplificado em comparação com o esquema parsoniano, muito mais completo e sofisticado.[6] Ademais, nesta passagem decisiva Germani, curiosamente, cita do autor norte-americano apenas *The Structure of Social Action* (1937) e *Toward a General Theory of Action* (1951), escrito em colaboração com vários outros autores. Ora, se no primeiro o esquema da ação parsoniano é ainda incipiente, embora alguns de seus elementos permanentes já fossem introduzidos na definição analítica do "ato unidade", no segundo, é apresentado apenas um resumo dos argumentos da teoria da ação. Ausente encontra-se sobretudo *The Social System* (1951), no qual o esquema da ação de Parsons atinge sua formulação mais completa. Além de tudo, é neste livro que o funcionalismo estrutural é proposto de forma sistemática como um *second best* inspirado pela biologia, uma vez que a "física social" postulada em seu primeiro livro se mostrava àquela altura inalcançável. Em contrapartida, é preciso notar que as formulações da ação de Parsons no começo da década de 1950 incorporavam fortemente o pragmatismo e o "interacionismo" de Mead. Se Parsons não menciona esses autores, à exceção de Thomas, as razões para isto são de ordem da disputa acadêmica no campo da sociologia, no qual, nesse momento, se opunham o funcionalismo de Harvard e o "interacionismo simbólico" de Chicago, capitaneado por Herbert Blumer. Enfim, deve-se notar que — ao contrário do conceito de "ator coletivo" parsoniano, em que pese seu excessivo "centramento" *a priori* — a noção de "grupo" é pouco clara no contexto geral da teoria germaniana, tendendo teoricamente a um

---

[6]Para a obra de Parsons, ver Domingues (2001a).

conceito sobretudo descritivo, não obstante poderem os grupos desfrutarem de uma identidade coletiva (Germani, 1965, p. 29-30) e referir-se ele em sua obra com freqüência a atores deste tipo (como as elites), sem elaboração conceitual.

A contribuição realmente decisiva e inovadora de Germani se expressa na introdução do conceito de "ação eletiva", que ele opõe tipologicamente à "ação prescritiva". É inclusive por meio dele que Germani recupera, emprestando-lhe centralidade em seu esquema propriamente teórico, a questão da liberdade, tema crucial em sua interpretação original da modernidade, a qual permanece vigente a despeito de sua avaliação mais severa e tendencialmente unilateral do peronismo. A ação prescritiva calcar-se-ia em marco normativo "rígido", ao passo que, na ação eletiva, a normatividade seria mais flexível. Na ação prescritiva, meios, condições e fins são "internalizados" pelo ator. Ao contrário, a ação eletiva impõe certa "escolha" (*elección*) no lugar de um curso fixo para ação, embora as condições em que ela se processa tenham sempre de ser levadas em conta pelo ator, não havendo "liberdade absoluta" para escolher. A eleição se torna assim um "mandato normativo". De fato, há certa variabilidade na própria ação prescritiva, uma vez que, concretamente, adaptações e desvios são necessários e inevitáveis. Nada se compara nela, todavia, ao que na ação eletiva deriva de "uma *prescrição para escolher*, a uma *afirmação da liberdade individual* (e da *responsabilidade quanto ao exercício dessa liberdade*), *como um valor sustentado pela cultura* (o 'individualismo')" (Germani, 1966, p. 57). Isso nada teria que ver com a anomia, que se caracteriza pela ausência de normas, a qual emerge como conseqüência estrutural e psicológica da mudança social rápida (Germani, 1965, p. 58-60).

APROXIMAÇÕES À AMÉRICA LATINA

Germani lança-se então, apresentada sua distinção entre os dois tipos de ação, a buscar os antecedentes de sua proposição. Acha-os principalmente em Weber, sugerindo uma leitura bastante curiosa e heterodoxa de sua tipologia da ação (Germani, 1965, p. 60-4). Ele retoma assim a oposição weberiana entre "ação tradicional" e "ação racional", com relação a valores e a fins. Esta seria, diz ele, um tipo de ação eletiva. A ação racional com relação a fins implicaria uma avaliação "racional" e "consciente" dos meios que se deve utilizar para atingir certos fins, enquanto na ação racional com relação a valores predominaria um mandato ético, religioso, estético, que deve ser elaborado conscientemente pelo ator perante a sua situação. Isto demanda *reflexão*, racionalidade, ao contrário do que se passa com a ação tradicional.[7] A diferença entre a formulação de Weber e a sua, afirma Germani, é que esta partiria do marco normativo, não explícito naquela. No que tange à "ação habitual" weberiana, Germani observa que ela implicaria certo automatismo e a ausência de reflexão. Contudo, distintamente da ação tradicional, muitas ações habituais incluem-se no marco eletivo, ao passo que outras se confinam ao prescritivo. Quando ocorre o primeiro caso, teve lugar um desenvolvimento "por baixo do nível consciente, sem etapa reflexiva ou deliberativa", com a ação eletiva tendo sido repetida, tornando-se hábito após uma escolha haver sido realizada pela primeira vez. Na verdade, acrescenta Germani, as ações habituais correspondem à maioria das ações humanas. Por sua vez, a ação afetiva é paralela à distinção entre eleição e prescrição, implicando "afetos e estados sentimentais" (Germani, 1965, p. 61-5).

---

[7] Mais adiante ele nota que na modernidade a ação econômica é eletiva, mas que se prescreve como elegê-la, e que isto fixa o "princípio da racionalidade instrumental" (Germani, 1965, p. 73).

Em que consistem a novidade e a relevância da formulação de Germani? Há de fato um aspecto trivial, quando se toma a sociologia clássica e mesmo a sociologia de boa parte do século XX, na tipologia e na oposição que Germani propõe entre a ação eletiva — típica das "sociedades industriais" — e a ação prescritiva — que remete ao que em princípio convencionalmente se chamou de "sociedade tradicional"; conquanto deva-se ressaltar que ele não utiliza este termo, falando, em vez disso, de posições e status "adscritos" e não adquiridos (Germani, 1965, p. 56-7). Certas inovações são, não obstante, bastante interessantes e frutíferas. Se a comparação é feita com a discussão weberiana, à qual o próprio Germani atribui destaque, um forte deslocamento pode ser percebido. Weber estava interessado acima de tudo no processo de *racionalização* do "Ocidente" e nas formas de dominação a que isto dava origem, pouco dando atenção à questão da liberdade, inclusive em sua avaliação do protestantismo e das religiões mundiais de uma maneira geral (ver Domingues, 2002a, p. 76). É precisamente a racionalização que sobressai em sua tipologia da ação (Weber, 1921-22, vol. 1, parte I, cap. 1). Germani, ao contrário, constrói sua tipologia com aquela questão ocupando o centro de sua preocupação. Afinal, sua interpretação historicamente orientada da modernidade já havia destacado exatamente a liberdade.

Se compararmos, por outro lado, a tipologia de Germani com o esquema da ação parsoniano em sua forma mais sofisticada, ou seja, aquele presente em *The Social System* (1951, cap. 1), veremos que, de uma forma sub-reptícia, a questão da liberdade, de certo modo anteriormente fraseada como a "questão da ação" em *The Structure of Social Action* (1937, caps. II-III), acaba subordinada ao que este livro também definira como a "questão da ordem", consistindo ambas, na formulação daquele momento, nas mais importantes para a sociologia. Parsons de fato percebe que a vida social e a interação entre os atores — individuais e coletivos — é permeada pelo que chamou de "dupla contingência". Contudo, a estabilidade social, relativa decerto, seria garantida pela socialização dos atores e a internalização das normas sociais, com o que as possibilidades disruptivas se fazem de antemão reduzidas, com a liberdade presente potencialmente na ação desde sempre controlada (ver Domingues, 2001a). Germani escolhe outro caminho: vinculando com força — com efeito excessivamente — a ação eletiva à modernidade, ele mantém em seu esquema a liberdade do ator como essencial para esse tipo de formação social. Seria apenas mais recentemente que esse tipo de problema e solução emergiria de forma vigorosa na teoria social.[8]

De um ponto de vista geral, a teoria da estruturação de Giddens (1976, 1979 e 1984), não por acaso influenciada por Sartre, buscou uma síntese própria de teorias que ele chamou de "objetivistas" e "subjetivistas". Em sua "dualidade da estrutura", mediante a qual articularia aqueles dois campos, a ação implica sempre na possibilidade de o ator agir de uma outra maneira. Quer dizer, para Giddens o ator mantém sempre certo grau de autonomia e liberdade perante as "estruturas", que são um "limite" (*constraint*), mas que ele, por outro lado, utiliza como um "recurso" para forjar sua própria conduta.

---

[8]A exceção nesse sentido se encontraria em alguns aspectos da obra de Simmel (1900), que enfatiza o tema da liberdade, sem atingir sistematicidade conceitual com relação à teoria da ação, o que, por outro lado, ocorre no que diz respeito à contingência e à criatividade na obra de Blumer (1969), sem que a discussão da modernidade *vis-à-vis* a liberdade seja nela aventada. De qualquer forma, esses autores não compareçem à bibliografia germaniana.

Todavia, foi somente mais tarde que Giddens de fato articulou isso, de forma difusa de fato, à modernidade. Os mecanismos de "desencaixe" da modernidade (sistemas de peritos e fichas simbólicas como o dinheiro) retiram as pessoas dos contextos imediatos de sua existência, obrigando-as a um trabalho mais sustentado em termos reflexivos (que ele descreve de forma cabalmente cartesiana, implicando uma "dúvida radical" e a quase transparência do ator para si próprio) de modo a situarem-se no mundo (Giddens, 1990 e 1991). Sua teoria da ação, e a relação desta com a estrutura, cumprem contudo um papel vago em sua teoria da modernidade, embora a atmosfera da liberdade — de resto nunca realmente nomeada — envolva seus argumentos aqui como em seus trabalhos anteriores. Já Joas (1992) busca dar conta da "criatividade da ação", contra o normativismo de Parsons, recorrendo para isso ao pragmatismo. Ele não teoriza a modernidade, tampouco se referindo à liberdade. Mas a possibilidade permanente de o ator contingentemente mudar seus cursos de ação permeia sua teorização, que tem a vantagem de avançar para além do cartesianismo presente na teoria de Weber e em parte na de Parsons. Isso é verdadeiro, ainda que ele não considere que Parsons tende a substituir o "ato unidade" de *The Structure of Social Action* por algo como uma "unidade de ação" mais difusa em *The Social System* (1951, p. 8-9), quando então os fins se tornam, sob a influência oculta do pragmatismo, em muitos casos difusos e imprecisos. Assim, é na "situação" concreta em que se encontra, com seu corpo, que o ator, lidando com outros atores e condições materiais, navega com pouca clareza de si mesmo e do que o envolve, com fins e meios se confundindo, tendo consciência pontual de seu fazer concreto. Ambos os autores, Giddens e Joas, apesar do diálogo inevitável — e frutífero — com Parsons, descartam liminarmente o funcionalismo.

Em relação a essas duas abordagens — em que pesem suas limitações, no sentido de reivindicar a clareza dos fins e meios, de pôr ênfase na racionalidade, de entender a modernidade de forma excessivamente diferenciada de outras formações sociais, pensando os processos sociais sob a ótica do funcionalismo estrutural quando buscou dar-lhes precisão teórica — Germani apresenta a distinta contribuição de pensar a "ação eletiva" nos termos de uma formação social específica, a civilização moderna, e relacioná-la diretamente a um dos núcleos fundamentais de seu imaginário: a liberdade. Seria necessário, contudo, pensar a questão da escolha levando-se em conta os processos de desencaixe, de tipos semelhantes ou diferentes, apontados por Giddens, bem como pensá-la fora dos quadros do cartesianismo, com uma outra construção do conceito de reflexividade e considerando a racionalidade sob um prisma que requer um ego menos transparente e dominador do que aquele implicitamente presente na teoria de Germani.

Seria ademais preciso descartar a oposição que Germani retoma entre modernidade — a sociedade "industrial" — e sociedades baseadas na ação adscritiva, e pensar, em lugar disso, na ampliação, por conta de mecanismos sociais, do âmbito da ação e no imperativo da liberdade. Por outro lado, isso não deveria implicar em abraçar a ideologia moderna que vê nesta civilização uma mudança total, cujo resultado seria, pela primeira vez na história, o estabelecimento da contingência social, perante a qual os processos de integração não podem ser tampouco pensados em termos funcionalistas. Uma perspectiva mais interativa que a de Germani, Giddens e Joas (a despeito deste falar da situação como incluindo outros autores), a exemplo do que se encontra em Mead e Parsons, ajudaria, por outro lado, a fugir de uma teoria da ação excessivamente centrada no ator individual. Além disso, os "grupos" de que fala Germani, inspirado de forma limitada nos "atores coletivos" da teoria parsoniana, teriam de ser mais bem teorizados e incorporados ao argumento nuclear para que uma conceituação mais completa do tema da "subjetividade coletiva", em geral e na modernidade, pudesse ser alcançada. Talvez assim, inclusive, sua discussão do papel das "elites", e da relação destas com as "massas", pudesse assumir forma mais sofisticada e adequada, levando em conta uma hermenêutica interpretativa presente de algum modo em seus primeiros textos: a questão da liberdade e a articulação criativa entre as lideranças e os setores populares. Nem por isso as questões delineadas por Germani perdem em significado e relevância, nem tampouco em originalidade.

CONCLUSÃO

A sociologia de Gino Germani foi uma das mais rigorosas e inventivas da América, despontando em um dos períodos mais produtivos da disciplina. Nosso objetivo neste artigo foi destacar alguns de seus aspectos teóricos mais interessantes, os quais não têm recebido a devida atenção. Não cremos que haja uma sociologia especificamente regional, sobretudo do ponto de vista da teoria, embora sejam necessárias adaptações conceituais e sugiram-se também novos caminhos, a partir dos temas e processos sociais concretos de cada região e país sobre os quais se debruçam os pesquisadores. Aliás, o próprio Germani (1964, p. 4-5 e 136) acreditava que seria com a consolidação da disciplina mais ao sul da América, em princípio e em sua época no plano nacional, que poderíamos contribuir, sem nacionalismos ou regionalismos limitadores, para o desenvolvimento universal da disciplina, despregando-nos outrossim de uma relação de dependência intelectual. Foi exatamente isto que buscamos destacar aqui: tanto sua teoria da ação quanto sua reflexão sistemática acerca da liberdade em nossa modernidade consistem em um patrimônio mais geral das ciências sociais que pode, e deve, ser absorvido na corrente principal de teorização de nosso tempo.

CAPÍTULO 2 # Modelos de desenvolvimento e desafios latino-americanos*

*Publicado em *El Debate Político*, ano 3, nº 3, 2006.

INTRODUÇÃO

A modernidade tem se desdobrado ao longo dos últimos dois séculos de forma intensa e com muitas variações no plano global, mas também em termos de suas características institucionais. Pode-se inclusive falar de um desenvolvimento "desigual e combinado" da modernidade e da historicidade de suas instituições, se bem que as mais importantes se reproduzam e sejam capazes de manter sua identidade, por sua vez, não obstante, por intermédio dessas variações (Domingues, 2001b, 2005a e 2005b).

Neste artigo tentarei uma visão da América Latina contemporânea na "terceira fase da modernidade", do ponto de vista da crise terminal do "nacional-desenvolvimentismo" nos anos 1970-1980 e dos impasses que desde aquele momento não logrou superar. Ademais, a pergunta sobre que alternativas temos aparece implícita ou explicitamente na discussão. Em primeiro lugar, buscarei localizar de forma genérica essa questão, para depois discutir como Castells, um dos teóricos contemporâneos mais importantes, a enfrentou, com referência ao caso particular (e unilateral) do Chile, para, em seguida, voltar à discussão em sua maior amplitude e tratar de concretizar uma perspectiva alternativa às visões dominantes neste subcontinente. A questão das classes e das coalizões que possam lograr mudanças de rumo se exporá de maneira clara ao fim do texto.

Um esclarecimento a mais ao começar é importante. Por modelos de desenvolvimento compreendo aqui os padrões de acumulação que regem um país ou região, o que implica em um conjunto de regularidades que asseguram uma progressão geral e coerente da acumulação de capital, a par das formas de regulação que institucionalmente organizam este processo a partir do estado e da sociedade (cf. Boyer, 1986, p. 36-56). Aqui me detenho nos aspectos gerais da acumulação, comparando alguns países da região, antes que nas regulações, que mudam de país para país e necessitam elas mesmas de análise própria detalhada. Meu objetivo é mostrar que aqueles padrões não constituem o que seria um modelo com grandes potencialidades em termos da acumulação em si.

DA CRISE DO DESENVOLVIMENTISMO À SITUAÇÃO ATUAL

A América Latina tem sido há muitos anos o continente da esperança, daqueles que têm confiança no futuro. Ainda hoje, após tantos esforços e derrotas, é assim que é vista. Mas seus problemas somente se fizeram mais agudos desde a crise dos anos 1970-80, não obstante os grandes passos na direção da democracia que conheceu mais recentemente.

O modelo de desenvolvimento dos países latino-americanos, a partir de fins da década de 1930, esteve vinculado a uma tentativa de "substituição de importações" e à homogeneização da nação por um estado que buscava se fortalecer e enraizar. Os movimentos e estados que autores como Touraine (1988, p. 165-94, 260-71 e 303-3) chamaram de "nacional-populares" enfrentaram este desafio de particular complexidade mediante o que se nomeou "nacional-desenvol-vimentismo", uma forma específica que assumiu a moder-nidade estatalmente organizada e o keynesianismo na região, à qual a Comissão Econômica para a América Latina (Cepal) emprestou formato intelectual (Domingues, 1999a, cap. 7). Alguns países lograram certo êxito nessa direção, com desta-que nesse sentido para o Brasil, o México e a Argentina. O México teve um crescimento de longo prazo, buscado de for-ma mais sistemática durante o século XX, inclusive para além da crise global e do modelo desenvolvimentista, com o *boom* do petróleo na metade da década de 1970, ao passo que o Brasil entre as décadas de 1960 e 1970 conseguiu crescer de modo acelerado. A Argentina desde então ficou industrialmen-te atrasada, uma vez que não lhe foi possível seguir tão longe como o México e o Brasil, devido a restrições de sua estrutu-ra de classe (predomínio dos grandes proprietários de terra), assim como do aparato produtivo, com poucos avanços de produtividade na agricultura, industrialização limitada e res-trições de divisas. Na verdade, enquanto a ditadura militar no Brasil presidiu ao milagre econômico dos anos 1960-70 e o regime autoritário pós-revolucionário no México impulsionou constantemente a industrialização desde o governo Cárdenas nos anos 1930, a ditadura argentina nos anos 1970 buscou desmantelar a indústria do país e a sociedade urbana que so-bre ela se assentava (Arceo, 2003, em particular pp. 358-85 e 393-405; Rock, 1987, p. 368-70).

Sobretudo nesses dois países, México e Brasil, as tecnolo-gias da segunda Revolução Industrial foram relativamente bem dominadas. Porém suas balanças de pagamentos se viam sem-pre pressionadas pela importação de bens intermediários e de consumo. A questão da exportação se tornou cada vez mais um tema central da política econômica e dos planos de desenvolvimento na região — seja de produtos agrícolas, seja de bens manufaturados com valor agregado de magnitude variável —, reiterando assim uma situação típica dos países da periferia desde o início do processo de "substituição de importações".[1] Uma crise que se complicava, apesar de períodos de trégua, se desdobrou pouco a pouco até explodir definitivamente na década de 1990. A crise global que começa em 1973 e as transformações que a ela se seguiram tornaram completamente obsoleto o modelo, a despeito de que solução se tenha querido desde então implementar — fosse um desenvolvimento mais fechado e ainda mais centrado no próprio país (o estado gerando demanda seria a alavanca crucial do processo), fosse uma abertura maior aos mercados globais, o que de fato terminou ocorrendo (ver Marques-Pereira e Théret, 1999; Tavares, 1981, p. 29-38).

Para avançar, de todo modo, de forma sustentável, seria necessário mudar mais radicalmente a economia e a sociedade. Por um lado fortalecendo o mercado interno, de modo que a substituição de importações alcançasse camadas muito mais amplas da população; por outro, era preciso exportar com vistas a solucionar o desequilíbrio da balança de pagamentos (Marques-Pereira e Théret, 1999). Outra possibilidade seria contar mais com a "entrada substancial de capital estrangeiro autônomo e compensatório", em particular se o dinamismo das exportações se perdia ou o país não elegesse — opção de maneira alguma simples — um caminho de autonomia radical (Tavares, 1981, p. 66 e 115-6). Ademais, sem prejuízo de qualquer dessas opções, seria mister acompanhar

---

[1]Tavares (1981, p. 38-9) observa que o termo "substituição de importações" pode levar a uma compreensão equivocada do processo: na verdade muda o tipo de produtos importados, o que pode implicar inclusive em uma maior dependência do exterior.

APROXIMAÇÕES À AMÉRICA LATINA

o salto tecnológico da informática e da microeletrônica, as quais alteraram totalmente as condições industriais e criaram o que para muitos já se punha para além da própria economia industrial quando a economia capitalista global retomou o crescimento, do qual se converteu em núcleo dinâmico (Castells, 1996; ver também o capítulo 3 deste livro).

Por sua vez, no plano político o corporativismo, que foi utilizado para controlar os trabalhadores (aqueles que de algum modo foram beneficiários do modelo de substituição de importações, devido ao aumento de seus salários, e eram parte do eixo dos movimentos "nacional-populares"), desapareceu por completo ou perdeu espaço, uma vez que a crise do estado o impedia de dar respostas mais gerais, o que incluía restrições mais ou menos graves ao crescimento econômico e ao deterioramento das situações salariais, e, por outro lado, irrigar suas clientelas sindicais tradicionais. "Charros", "gordos" e "pelegos" já não conseguiam tampouco manter o controle sobre suas bases operárias, conquanto haja variações que vão desde o "novo sindicalismo" no Brasil, na década de 1980, até o controle de setores do peronismo sobre parte da vida sindical e do Partido da Revolução Institucional (PRI) e das cúpulas sindicais no México mesmo hoje em dia, não obstante tenha se debilitado a representatividade deste tipo de dirigente sindical (Maneiro, 2006). As transformações no campo acarretavam migrações ainda mais fortes e criavam assalariados rurais livres das formas de dominação pessoal (e, nesse sentido, duplamente livres, para usar a expressão de Marx e Engels acerca do tema), em um processo de erradicação do campesinato tradicional, que somente se completou nos primeiros anos do século XXI, por meio da expansão em todo o subcontinente, em particular da agroindústria e da modernização do agro em geral (Bengoa, 2003). Os que permaneceram no campo migraram para as cidades, conformando uma grande massa de trabalhadores livres, em mercados urbanos de trabalho que, todavia, tendem fortemente à segmentação (com desemprego estrutural) (Nun, 2000).

Assim, através da América Latina se completaram os processos de *desencaixe* dos atores que nos países centrais da Europa e dos Estados Unidos haviam se realizado desde a primeira fase, liberal restrita, da modernidade, ao passo que os mecanismos de controle sindical dos trabalhadores que já formavam parte do mundo modernizado latino-americano se rompiam ou atenuavam. Pluralismo e complexidade foram os resultados imediatos destes processos (Domingues, 2002a; García Canclini, 1990). Demandas de democracia, bem-estar e participação (política e nos frutos do desenvolvimento), bem como a proliferação de movimentos sociais, identidades e estilos de vida (em que se incluem variadas religiões e etnicidades) se fizeram sentir com um grande vigor. Se nos últimos anos o modelo de desenvolvimento por substituição de importações contou com a emergência de ditaduras militares em todo o subcontinente (e a continuidade do regime autoritário no México), a crise final do modelo, em parte, gerou demandas democráticas e coincidiu parcialmente com as transições para regimes democráticos, os quais, entretanto, não tinham instrumentos para solucionar aqueles graves problemas que implicaram em estancamento, pobreza e desigualdade (Sader, 2003). A economia política da região teria de mudar, posto que as coletividades que comandaram e se beneficiaram, de modo central ou subordinado, do modelo de desenvolvimento já não lograriam nem uma coisa nem outra.

O que ocorreu desde os anos 1990, após a institucionalização das democracias sobretudo no Cone Sul e no início da liberalização do regime mexicano? Socialmente, agudizaram-se os problemas, em termos políticos muitas crises se tornaram mais agudas. Economicamente, os dilemas apenas foram reformulados, com um peso muito maior do capital financeiro — em termos políticos, sociais e estritamente econômicos. Os problemas na balança de pagamentos perduram enquanto o "desenvolvimento" (muito baixo segundo os padrões internacionais) tem se realizado mediante duas maneiras bastante problemáticas: a maioria dos países do subcontinente se inclinou a apostar na agroindústria para impulsionar suas economias, em particular orientando-se às exportações desses produtos. Isso tem ocorrido inclusive em grande medida no Brasil, em que pese a grande diversidade de sua estrutura produtiva (Santos e Silveira, 2004; Silveira, 2005). Outros abraçaram o que se denominou "maquiladoras", que têm um poder de "arrastro" sobre o conjunto da economia muito fraco, uma vez que estão ligadas a cadeias internacionais e à importação de produtos de valor aos quais agregam pouco — dentro do que se pode definir como "produção internacional compartilhada". Isso teve lugar um pouco por toda a América Central, porém principalmente no México.

Todavia, os resultados não são realmente adequados, porquanto

> A parte representada pelos bens intermediários importados no valor das exportações maquiladoras é impressionante, mas também o "resto" das exportações é bastante elevado, o que determina que o incremento das exportações puxe mais importações. Isso impede que se supere o caráter crô-

nico do déficit comercial e da restrição de divisas para o crescimento, uma vez que a economia perde um potencial de crescimento, pois, em lugar de expandir-se o mercado para a produção interna de bens intermediários, sua demanda se filtra rumo ao exterior (Fuji, Candaudap e Gaona, 2005, p. 154).[2]

Assim se agravam as disparidades regionais, com o crescimento mostrando-se obstaculizado e dependente de maneira extrema de exportações e da situação do mercado externo (especialmente dos Estados Unidos, no caso do México); não há tampouco ou são muito reduzidos os investimentos em Pesquisa e Desenvolvimento (P&D) ou, de modo mais geral, em Ciência e Tecnologia (C&T) (ver também Erber, 2000). Se não bastasse isso, a abertura da economia mexicana, associada a esse tipo de industrialização e ao Tratado de Livre Comércio da América do Norte (Tlcan), implicou uma crise incrivelmente aguda e na queda da agropecuária do país e de seus produtores, camponeses, médios e inclusive grandes — o que se manifesta em um forte movimento social, de cunho todavia defensivo, El Barzón (Williams, 2001).

Que dizer do desenvolvimento da agroindústria, a outra opção que se apresentou nos últimos anos nos países da América Latina? O Brasil tem sido um dos mais bem-sucedidos nessa estratégia, talvez o país com maior êxito nesse sentido, apresentando um aumento impressionante de produtividade

---

[2] E na verdade não importa se há algumas maquilas que seriam de segunda, terceira ou quarta geração (cf. Carrillo e Lara, 2004), mais avançadas e inclusive com centros importantes no país (México), se não se transforma de maneira decisiva a relação entre valor importado e valor agregado ali mesmo.

baseado em progressos técnico-científicos.[3] As possibilidades e limites desse caminho se expressam, portanto, de maneira clara e radical em seu caso. Na economia brasileira em geral, é o setor da agroindústria o que cresceu de modo sustentável na última década. Em média sua participação no Produto Interno Bruto (PIB) variou entre 27 e 33%. Além disso, sua participação nas exportações alcançou 41,15% em 2002. O saldo favorável da balança comercial brasileira se tornou muito dependente do agronegócio. Porém, quando se a compara com a indústria maquiladora, a agroindústria parece ter algumas vantagens bastante evidentes. Em particular, sua capacidade de arrasto sobre o resto da economia é muito maior, logo, é muito mais positiva para o desenvolvimento do mercado interno. O PIB da agroindústria incluiu variados elementos (dados para 2003): insumos agropecuários (6,42%), agropecuária enquanto tal (30,35%), indústria (30,8%) e distribuição (32,44%). Ademais, este crescimento de longo prazo da agroindústria no Brasil está baseado não só no aumento da área cultivada, mas também na investigação e inovação tecno-

---

[3]A fragilidade da economia argentina tem se localizado exatamente nessa falta de investimentos privados e públicos nas questões sobretudo de produtividade (ou seja, tecnologia) do agro, contando com as condições naturais da pampa úmida bonaerense (cf. Arceo, 2003). O recurso aos transgênicos (que agricultores brasileiros de maneira pouco inteligente estão adotando também, mas de forma limitada) é assim uma opção central para os produtores argentinos de soja, em especial devido, pode-se supor, a este atraso tecnológico. Certas conseqüências — problemas ambientais e dependência das grandes firmas internacionais — resultam inevitavelmente dessa escolha. Ver Pengue, 2005. Ademais, deve-se considerar que seu forte crescimento recente (8,8%, 9% e 9,2%, respectivamente, em 2003, 2004, 2005), baseado nas exportações agrícolas e na recuperação do consumo interno, parte de um nível muito baixo devido à crise de 2002 (quando despencou 11%). Os problemas básicos de sua economia permanecem sem solução. Cf. Boyer e Neffa, 2004.

lógica. A Embrapa, sobretudo, uma empresa estatal altamente eficiente e com alto prestígio, em conjunto com universidades e centros financiados por estados da federação, e algumas empresas privadas, tem garantido progressos técnico-científicos importantes (no que se refere em particular a variedades de soja, milho, feijão e arroz); esses se refletem em avanços contínuos de produtividade (Gasques *et al.*, 2004).[4]

Contudo, nem mesmo nesse caso as estimativas de crescimento econômico nacional parecem inteiramente positivas. Se a agroindústria de modo conjuntural (conquanto em parte também, seguramente, no longo prazo) foi capaz de auxiliar o desenvolvimento do país ao lhe oferecer exportações que têm um reflexo positivo na balança de pagamentos (se bem que, por outro lado, ao custo da degradação ambiental e de um foco dirigido ao mercado externo antes que à segurança alimentar de sua população), não está claro se realmente soluciona os problemas sequer nesse aspecto.

Embora os termos de intercâmbio tenham recentemente melhorado para as exportações primárias dos países da América Latina (Cepal, 2005, p. 16 e 34-41) e, no Brasil, a exportação de produtos manufaturados tenha uma magnitude incomparável à dos outros países do subcontinente, existem aí também problemas graves. Commodities respondem por 40% das exportações brasileiras (enquanto no intercâmbio global respondem por apenas 11%) e manufaturados intensi-

---

[4]É mister notar, contudo, que houve, depois de seguidos avanços, uma drástica queda do PIB do agronegócio no Brasil em 2005 em relação a 2004 (R$537,63 bilhões nominalmente, ou 4,66%). Para 2006 as estimativas não eram positivas, ao contrário, anunciavam uma crise no setor — relacionadas a um câmbio demasiadamente valorizado para o real, porém também possivelmente à redução de investimentos na Embrapa nos últimos anos, que Gasques *et al.* (2004, p. 30) já apresentavam como um sério problema.

vos em trabalho ou de baixa ou média tecnologia respondem por outros 40% (De Negri, Salerno e Barros de Castro, 2005, p. 17-21). Ademais, o fato de as exportações brasileiras se basearem significativamente na agroindústria resulta na afirmação da problemática *reprimarização* das economias latino-americanas (ou, em alguns casos, na simples continuidade da situação anterior), embora muitas delas hajam logrado uma diferenciação que faz deste retorno à agropecuária exportadora algo distinto do que ocorria nas décadas anteriores. Isso expressa de modo claro a falta de avanços efetivos em P&D e C&T, com exceções, decerto, sobretudo no caso brasileiro, o que não exclui que determinados avanços, como geotecnia e a utilização de sementes modificadas, ocorram em muitos outros países — o que não é o mesmo que progressos técnico-científicos logrados na região (ver o capítulo 3 deste livro).[5]

Em outras palavras, os dois gargalos do modelo que se esgotara definitivamente na transição dos anos 1970 para os anos 1980 não foram superados. As maquilas não solucionam os problemas, tampouco o logra a agroindústria, principalmente em uma economia complexa como a brasileira, que necessita importar produtos de alto valor agregado, não importando se esteja mais ou menos aberta e globalizada, e o modelo que para isso se utiliza. O neoliberalismo e as políticas de "ajuste" e abertura comercial tentaram oferecer uma alternativa "sensata", porém política, social e financeiramente tenderam a aprofundar os problemas (Borón, 2001). Perdemos a década de 1990 com "reformas" que levaram ao "recuo" do estado, acarretando sua diminuição a privatizações, e aci-

---

[5]Os 9% de crescimento da Venezuela também têm a ver com isso — uma exportação de petróleo cujos preços sofreram uma forte alta — e tampouco são solução para nada se os recursos não são corretamente investidos.

ma de tudo à hegemonia e dominação do capital financeiro, mas não solucionaram nem o problema do mercado interno nem inteiramente o problema da balança de pagamentos, e muito menos a questão do atraso tecnológico.

É verdade que o governo de Luís Inácio Lula da Silva vem tentando investir mais em C&T, porém ainda de forma limitada, graças em parte ao cuidado da "equipe econômica" que insiste nas restrições orçamentárias e no "contingenciamento" dos recursos (sua não-utilização forçada), buscando um superávit primário nas contas do estado. Tampouco investem os empresários privados em P&D. Por outro lado, o governo de Lula tentou ampliar o mercado interno mediante a expansão do crédito aos setores populares e o programa Bolsa Família antes que por meio do desenvolvimento da indústria básica mais tradicional (embora tenha buscado com dificuldades retomar os investimentos públicos e privados em infra-estrutura) ou, ainda menos, do desenvolvimento de um forte setor de alta tecnologia, em particular na área da informática. Infelizmente, preferiu apostar na agroindústria. Enquanto a situação atual da balança de pagamentos e a dívida externa estão aparentemente tranqüilas, a dívida interna reflete contudo os impasses reiterados da balança de pagamentos, mantendo-se as mais altas taxas de interesse do mundo, o que mascara a situação de vulnerabilidade externa da economia brasileira (ver o capítulo 7 deste livro).

Esta breve análise demonstra que a situação presente do subcontinente não é das melhores, o que se reflete em suas taxas muito baixas de crescimento econômico; "(...) a região está crescendo menos que outras regiões do mundo, em alguns casos inclusive menos que os países desenvolvidos" (Cepal, 2005, p. 9). A América Latina cresceu em média 4,3% entre 2002 e 2005, mas menos que isso em uma série de dez anos, com quedas acentuadas do PIB em diversos momentos. Alguns países, como o Brasil e o México, cresceram muito menos, 2,3 e 3% nestes casos, respectivamente, em 2005. A situação é mais clara e piora quando se comparam as taxas latino-americanas com as taxas da economia mundial em seu conjunto (crescimento de cerca de 4% nos últimos anos) e os países em desenvolvimento em seu conjunto (6%), sem falar, é claro, da economia da China (que alcança a média de 10% ou mais) e a da Índia (entre 6 e 8%) (dados em Cepal, 2005; e nos sites na internet do Fundo Monetário Internacional — FMI, do Banco Mundial, da Organização para a Cooperação e o Desenvolvimento Econômico — OCDE). Assim, tais constatações sugerem uma observação que na verdade deve ser tomada como uma interrogação, porquanto ponha graves problemas para esses países. Somente seriam capazes de canalizar a grande energia que se pode reconhecer no subcontinente, e que se manifesta em muitos novos movimentos sociais (de cunhos político, religioso, cultural etc.) aqueles projetos que enfrentem o desafio de criar novos laços institucionais entre estado e sociedade, de aceitar demandas e ampliar a cidadania, ao mesmo tempo que tratem de impulsionar o mercado interno e avançar de modo rápido na produção e no controle das novas tecnologias globais. Somente desta forma os limites do modelo particular, organizado pelo estado mas com baixa capacidade de incorporação e integração da população, que dominou a segunda fase da modernidade na América Latina, será definitivamente superado, sem perder-se em um culto mais ou menos aberto ao neoliberalismo.

Este debate está ainda longe de tornar-se central. O neoliberalismo e o capital financeiro, por um lado, e nostalgias neocepalinas, que implicariam um fechamento mais profundo de nossas economias, por outro, têm demasiado poder sobre nossa imaginação e horizontes de possibilidades. Contudo, urge fazer este debate, se não queremos nos transformar de uma vez por todas em uma zona atrasada globalmente, nem decair de modo definitivo na situação de sociedades em que a democracia restrita (por incapacidade de responder a crescentes demandas nunca satisfeitas) e a barbárie social logrem de um modo bizarro conviver. Este é nosso desafio neste momento.

INTERMEZZO: AS REFLEXÕES DE CASTELLS

Precisamente nesse marco é necessário expor o trabalho recente de Castells a respeito do Chile. Sem dúvida, é importante que um investigador com trabalhos do quilate dos seus acerca das sociedades contemporâneas se detenha sobre o subcontinente — o Chile se lhe apresenta como uma possibilidade de pensar a América Latina de maneira geral, conquanto não chegue a tirar verdadeiramente conclusões mais amplas de sua investigação. Não obstante quaisquer críticas que se possa fazer a essa tentativa, é antes de tudo importante que o debate em torno dos modos de desenvolvimento na América Latina, a partir de um ponto de vista sociológico — e que tende a abrir-se à economia política —, seja tão central em sua discussão sobre o Chile, suas dificuldades, possíveis virtudes e potencialidades.

Para Castells há dois — e não um — modelos chilenos de desenvolvimento: o da ditadura, pouco inclusivo e socialmente injusto, e o da Concertação, que manteve o princípio do liberalismo econômico, mas avançou na transição à democracia e à sua institucionalização, assim como na direção da incorporação da população mediante políticas sociais, tornando-o portanto mais sustentável. Contudo, ainda que elogie esta segunda trajetória, Castells detecta problemas para a sustentabilidade (econômica, social e ambiental) de longo prazo do modelo, o qual se vinculou em termos básicos à exportação de produtos primários beneficiados (agroindústria e piscicultura industrializada; porém, é mister acrescentar, o cobre também, ainda que Castells não o sublinhe). Pode-se observar, à luz da seção precedente, que esta seria uma das maneiras de se fazer frente à questão do esgotamento do modelo desenvolvimentista, apesar de os problemas que aí se apresentam poderem retornar para acossar a sociedade chilena. Consciente dessas questões, ele se pergunta que caminhos trilhar para evitar um futuro de paralisia (Castells, 2005, cap. 3). E responde assim a sua própria interrogação:

> O desafio para o Chile é assegurar um crescimento substancial da produtividade das empresas (mas também dos serviços públicos) e traduzir essa produtividade em vantagem comparativa em um mercado aberto... (Castells, 2005, p. 105).

Baixos custos e alta qualidade, em um sistema de produção de excelência, alcançando em particular os mercados latino-americanos, são elementos fundamentais de sua solução. Conhecimento e tecnologia, em uma mudança em grande medida cultural, são por conseguinte cruciais para superar o que muitos temem possa vir a converter-se, apesar de todos os "êxitos" das últimas décadas, em mais um caso de desenvolvimento frustrado.

É muito curioso que a idéia de "sociedade em rede" (Castells, 1996), em particular aquela que se expressa economicamente no caso do Vale do Silício na Califórnia e seus avanços em tecnologias — "soft" e "hard" — de informação, esteja presente somente no que diz respeito a *articulações com outros estados*. Castells, com efeito, menciona com destaque as tecnologias da informação — o que chama de *informacionalismo* (Castells, 2005, p. 15) — para garantir a agregação de valor à produção primária semiprocessada chilena. Mas não recorre aqui às redes em particular de maneira explícita, embora se faça evidente — a partir do exemplo bem-sucedido da Finlândia — que seria necessário exatamente uma rede entre estado, centros de pesquisa e empresas para animar esse avanço tecnológico da sociedade chilena sem mudança do modelo em termos do tipo de produção e de política econômica liberal de abertura comercial (Castells, 2005, cap. 3).

Por outro lado, as identidades comunitárias e defensivas de suas reflexões anteriores (Castells, 1997) surgem como resolvidas pela inclusão democrático-cultural levada adiante pela Concertação, no que se refere aos índios mapuches. O que se põe então é a renovação de uma "identidade projeto" por meio da qual o estado nacional chileno possa fixar-se para a construção de uma proposta nacional de desenvolvimento socialmente justa e tecnologicamente avançada, superando o familismo e o individualismo que — aceita ele somando-se ao diagnóstico de muitos autores — é muito forte na sociedade (Castells, 2005, cap. 4). Esta renovação do projeto seria na verdade um tema mais geral para o estado latino-americano — "chave da crise e/ou reconstrução da identidade" — no século XXI. Castells percebe que o estado durante a década de 1990, na América Latina em geral e no Chile em particular desde antes disso, "(...) se constituiu (...) como agente da globalização e (...) se descolou de suas bases sociais tradicionais", esta "separação entre Estado e nação" implicando em "uma crise da identidade nacional como princípio de coesão social". Disso deriva sua tese de uma crise das "identidades

APROXIMAÇÕES À AMÉRICA LATINA

coletivas", no que se acerca a outros analistas da sociedade chilena (Castells, 2005, cap. 2, especialmente p. 39-40).

É preciso assim superar este problema mediante novos projetos nacionais e regionais. Uma nova transição — aceita a premissa de que o Chile completou a transição para a democracia — necessita ocorrer, uma mudança que é também cultural e não somente tecnológica ou econômica — e isso se daria por cima das ideologias (Castells, 2005, p. 150). Não deixa de ser interessante e curioso, embora até certo ponto auspicioso, que Castells se desprenda de sua visão um tanto estreita em seus trabalhos anteriores. É positivo que se compreenda assim, por fim, que a modernidade contemporânea não se desenvolve à revelia e sem o apoio do estado, tampouco de projetos nacionais e regionais — o que ele chama com referência sobretudo à União Européia de "Estado rede" — que devem fazer frente ademais à questão do desenvolvimento.[6] O restante de suas conclusões é, todavia, bastante mais problemático.

Seja como for, é mister perguntar em que medida o exemplo chileno serve para a América Latina. O Chile é um país pequeno, de população reduzida, que encontrou um nicho particular — e altamente subordinado — na divisão internacional do trabalho, e cujo futuro é contudo incerto (ver

---

[6]De todo modo, sua concepção da globalização, segundo ele basicamente um movimento de compactação espaço-temporal de alguns setores da economia mundial e dos movimentos alternativos dentro dela (inclusive os islâmicos radicais), não parece haver-se modificado, o que limita as mudanças em seu pensamento (Castells, 2005, p. 15-7). Há concepções mais amplas e complexas (e menos economicistas) da globalização e dos movimentos sociais contemporâneos que a sustentada por Castells. Além do que, ao falar do Sudeste da Ásia, o papel do *estado desenvolvimentista* tem um peso que deveria matizar sua concepção mais geral sobre as redes. Ver Castells, 1998.

JOSÉ MAURÍCIO DOMINGUES

Landerretche, Ominami e Lanzarotti, 2004, que também sublinham a importância dos avanços tecnológicos). Nas áreas em que medrou a "substituição de importações", no período anterior, houve um recuo da economia e das condições sociais (Riffo Pérez, 2005, p. 168). Isso sem falar dos problemas que o próprio Castells (2005, p. 96-114) nos assinala: de falta de qualificação da força de trabalho, da educação (básica e universitária) de má qualidade, do atraso tecnológico etc. Não se deve por outro lado esquecer que a capacidade de arrastro interno maior da agroindústria aparece também de modo claro no caso do Chile, não obstante muitas vezes sua articulação com cadeias produtivas globais e fortes processos de desnacionalização (Fuji, Candaudap e Gaona, 2005, p. 152-3; Riffo Pérez, 2005). Porém de maneira nenhuma poderiam ser os problemas enfrentados pelo México, o Brasil e a Argentina, bem como por outros países do subcontinente, solucionados por uma mera sofisticação de economias reprimarizadas, como de fato é o caso do Chile (na verdade, como vou argumentar, o contrário é verdadeiro). Mercados internos muito maiores e diversificados, posição na divisão internacional do trabalho e problemas na balança de pagamentos, em "sociedades" muito mais complexas e plurais que a chilena, em sentido social (inclusive identitário), econômico e político, não poderiam ser tratados segundo um modelo tão simples.

Seguramente não é esta a sugestão de Castells; porém, como sua questão no que se refere ao caminho chileno o leva a pôr-se a possibilidade de generalização do modelo, é necessário responder a esta pergunta clara e diretamente com um *não* categórico. Fazer o contrário seria apostar em um destino torto ou desastroso. O Brasil neste caso seria a referência mais adequada com respeito ao desenvolvimento da agroindústria. A capacidade em P&D da Embrapa e de outras agências governamentais, além de firmas privadas, conseguida ao longo de décadas, parece ser o modelo a seguir na América Latina, o que requer fortes investimentos estatais. A questão seria ademais como generalizar o modelo da Embrapa para outros setores da economia (Gasques *et al.*, 2004, p. 35-7). No caso chileno isso seria algo mais simples, caso se incorporasse à integração latino-americana, mantendo sobretudo seu caráter exportador de bens primários beneficiados industrialmente. Porém é muito mais complexo quando se fala de Brasil, México ou Argentina, no presente, e de Venezuela, Peru, Colômbia e outros países do subcontinente no médio e longo prazos. Nesse sentido é mister recordar o que na primeira parte deste artigo se apontou acerca das limitações da agroindústria brasileira.

Acima de tudo, é preciso perguntar se esta questão pode ser respondida desta forma pela sociedade chilena. Quer dizer, em que medida há uma formulação intelectual (para o que Castells obviamente quer contribuir) e vontade política capaz de pôr tal projeto na ordem do dia e, por fim, levá-lo à prática? Na verdade, a descrição que Castells propõe do Chile é a de uma sociedade bastante atrasada e conservadora. Sobretudo em suas classes agrárias dominantes, o neoliberalismo e o autoritarismo parecem muito arraigados (Castells, 2005, p. 145-52; ver também Garretón, 2003). O avanço dos socialistas e a presidência de Michelle Bachelet que se inicia em 2006 podem ser o prenúncio de mudanças nessa direção? Teriam eles a capacidade de conformar um novo *bloco histórico* e deslanchar as transformações que produziriam uma nova sociedade chilena se levados a cabo? Que forças sociais podem apoiar um projeto como este? A cidadania em seu conjunto, simplesmente, superando o familismo e o individualismo, a crise dos sujeitos coletivos? Faz sentido supor que por cima das ideologias se possam lograr um acordo e projeto nacional? É no mais longo prazo que estas interrogações serão respondidas. É bastante claro que Castells recusa o neoliberalismo, embora não argumente intensamente nesse sentido e seja condescendente com alguns que o adotaram de fato, conquanto não no discurso, como foi o caso de Fernando Henrique Cardoso no Brasil nos anos 1990 (Castells, 2005, p. 42-3). Cumpre ver como a própria sociedade chilena vai proceder. E, para além do caso chileno, mas o incluindo, emerge a pergunta sobre que aliança de classes e política pode operar a mudança do estado e da identidade nacional de novo em princípios de coesão social. Tampouco neste caso a análise que Castells oferece do Chile contém uma resposta adequada ou mesmo aproximada da questão. Esta, contudo, permanece.

PROJETOS, DESENVOLVIMENTO E IDENTIDADES

Globalmente, depois de um longo período de crise (entre as décadas de 1970 e 1990), adentramos o que se pode caracterizar como a terceira fase da modernidade. Há nela uma forte tendência à pluralização e à complexidade social, no que novas identidades e movimentos, assim como tecnologias que mudam com uma rapidez tremenda, são componentes fundamentais.[7] A complexidade e velocidade deste bravo mundo novo demandam sem dívida a *flexibilidade* das redes como princípio de organização, embora Castells tenha exagerado seu ponto, ao menos discursivamente, ao tender a

---

[7]De maneira mais ampla, discuti o tema das três fases da modernidade (liberal, estatalmente organizada e de articulação mista) em Domingues 2001b, 2002a, 2005a e 2005b.

APROXIMAÇÕES À AMÉRICA LATINA

excluir *hierarquias* (tanto estatais quanto de outros tipos, como empresariais) e *mercados* do centro de sua formulação (ao falar do Chile, concretamente, realiza uma clara inflexão em seu argumento, como já assinalei). Somente a adoção de mecanismos que dêem conta desta complexidade social hoje e permitam o desenvolvimento de novas tecnologias amanhã será capaz de nos lançar adiante e impedir que acabemos em um canto qualquer distantes dos fluxos principais da modernidade global contemporânea.[8]

No tempo presente há, como observado, uma pluralização das identidades na América Latina. Algumas tratam somente de forma lateral da política (como movimentos culturais jovens, a *cumbia villera, o hip hop, o rap,* muitas correntes religiosas, sejam católicas, evangélicas ou esotéricas); a maioria a tem como referência fundamental (movimentos indígenas, de trabalhadores ocupados ou desempregados, camponeses, certos movimentos religiosos). É raro que estas e os movimentos que as organizam coletivamente se mostrem excludentes no que se refere à construção de novos projetos nacionais e regionais, inclusive ao questionar os arranjos tradicionais da nacionalidade, como é o caso dos poderosos movimentos indígenas em particular na Bolívia e no Equador (mas também, menos inclusivo, no México). Isso é verdade da mesma forma em sociedades em que não há, ao que parece, questionamentos à idéia de nação ou onde impera certa homogeneidade. O tecido social se tornou de todo modo muito mais heterogêneo e não basta tentar organizar (e controlar, como no passado do subcontinente, com o corporativismo) as grandes identi-

---

[8]É interessante notar que foi exatamente um cientista social chileno que chamou atenção para as redes de um ponto de vista da articulação interna do estado. Ver Lechner, 1997.

dades de classe, uma vez que já não se põem como o princípio básico ou principal da identidade individual e coletiva. Por outro lado, devem ser levados a sério os pontos levantados por Castells em relação ao desenvolvimento tecnológico global, sobretudo em tecnologias da informação, microeletrônica e biotecnologia, não obstante a unilateralidade de seus livros principais e as críticas que por isso merecem.

Nesta conjunção de mudança social, produzida por um *desencaixe* mais radical e pela necessidade de avanços nas novas tecnologias, se localizam as chaves do desenvolvimento latino-americano no longo prazo de uma maneira inovadora, se bem que temas mais antigos sigam vigentes e seja necessário tê-los em mente ao se buscar um novo modelo de sucesso para o subcontinente. Passa por aí a renovação democrática (e aqui a alternativa asiática autoritária não é, felizmente, possível) do estado nacional em muitos casos e com certeza de novos projetos nacionais e regionais, ao articulá-los internamente e entre os estados da região (através do Mercosul, do Pacto Andino, da Comunidade Sul Americana de Nações, do gasoduto que ligaria vários países do subcontinente e outras iniciativas). Com tanta diversidade e desejo de autonomia, as redes são fundamentais na medida em que permitem projetos compartilhados, porém não implicam em *comando* (hierárquico) entre as coletividades que tomam parte neles, seja política ou economicamente, e, por outro lado, logram uma coordenação muito mais próxima e permanente que o mercado, cujos *intercâmbios voluntários* não integram projetos que sejam levados a cabo em conjunto. Contudo, para ao menos pôr a questão de modo mais preciso é agora mister retornar aos temas da economia política latino-americana que tratamos ao início deste artigo.

APROXIMAÇÕES À AMÉRICA LATINA

A simples produção em massa por substituição de importações para um mercado interno relativamente homogêneo, em um mundo em que as tecnologias da segunda revolução industrial são suficientes, com a articulação de um projeto nacional que pressuponha a homogeneidade da nação, já são uma possibilidade que pertence a um passado longínquo. Isto não implica que todos os aspectos do projeto devam ser descartados, mas, sim, que a situação, os elementos e as respostas mudaram de forma radical, como se analisou aqui até agora. Sem dúvida, a expansão do mercado interno é um imperativo e, nesse sentido, não se trata de substituir importações, senão de ampliá-lo por meio da incorporação das grandes massas ao consumo, em uma região de extrema desigualdade e pobreza espantosas. Se uma produtividade avançada é também nesta dimensão decerto importante, a importação de tecnologias e/ou a geração incremental de processos e produtos que impliquem em inovação, para uma produção que não é necessariamente demasiado sofisticada, pode jogar contudo esse papel.

Todavia, não basta ampliar o mercado, porquanto outros dois imperativos se ponham: exportar — seja pelo agronegócio, seja por produtos de alto valor agregado — e desenvolver tecnologias avançadas, que se disseminem inclusive muitas delas no conjunto da economia, e que permitam agregar valor à exportação para além certamente das maquilas, mas também cujos rendimentos sejam capazes de cobrir a brecha que a importação de produtos de alto valor agregado engendra. Tudo isso se complexifica se levamos em conta que o trabalho estável é cada vez menor (o desemprego estrutural se combina aqui com a segmentação do mercado de trabalho) e a geração de renda por grande parte da população se torna muito difícil. Ademais, o estado não tem como, sozinho, gerar demanda ou investigação; é preciso que impulsione outros setores mediante projetos de colaboração, sobretudo ao tratar-se de alta tecnologia. Redes entre estados, como Castells aponta, são na verdade bastante importantes, criando uma sinergia que resulte mais poderosa do que são capazes agentes isolados. A integração regional, portanto, conta muito. Deve fazer-se capilar, combinando empresas, universidades e centros de pesquisa mediante a coordenação estatal.

Há, contudo, uma questão crucial que, na economia política clássica e na marxista, estava no centro da discussão, ocorrendo algo semelhante com respeito à Cepal: que relações de classe, institucionalizadas ou em curso de mudança, sustentam a situação atual e seriam conducentes à sua transformação? As classes dominantes no subcontinente se mostram conservadoras politicamente e liberais economicamente; se já era difícil falar de uma burguesia nacional durante o século XX, é ainda mais improvável encontrar setores em contradição efetiva com o modo em que ocorre a globalização hoje e sua própria subordinação como agentes periféricos; a questão do desenvolvimento não parece central em sua mentalidade, no melhor dos casos provocando entusiasmo o crescimento do agronegócio, assim como a possibilidade ou o fato de adquirir empresas nos processos de privatização. Mais provável é que os setores produtivos recusem a presente hegemonia absoluta do capital financeiro, porém em geral aceitaram subordinar-se a ele e aos controles dos poderes do capitalismo global. Isso equivale a dizer que um projeto de desenvolvimento, no qual as classes locais seriam talvez capazes de liderar em um novo bloco as forças da nacionalidade, já não se sustenta de modo algum (cf. Cardoso e Falleto, 1970). Por cima, portanto, pouco pode acontecer. Por baixo, as coisas parecem melhores, sobretudo com a solidificação em muitos países de

APROXIMAÇÕES À AMÉRICA LATINA

amplas coalizões políticas e eleitorais, contando com movimentos sociais plurais e às vezes pouco organizados. Aquela pluralização social se expressa em frentes amplas em muitos países, explicitamente no caso uruguaio ou ainda no boliviano, através de setores das forças políticas tradicionais, como no caso argentino, ou por dentro de agremiações como o Partido dos Trabalhadores (PT) no Brasil e nas alianças que teceu com outras forças políticas, não importam os problemas e dificuldades inerentes a cada um deles (Rodríguez Garavito, Barret e Chávez, 2005; e o capítulo 7 deste livro, em que analiso o governo Lula).

Por outro lado, o estado mantém certo grau de autonomia (aqui a tomo como dada, em que pesem variações de conteúdo e forma; e não vou voltar ao amplo — e às vezes tedioso — debate intramarxista e marxista-weberiano que este tema protagonizou). Sua participação no processo é decisiva, mas não como o demiurgo de uma nova economia e uma nova sociedade, como a sociologia da Cepal tendia a tomá-lo (Falleto, 1996). O estado deve ser o centro de uma vasta rede de subjetividades, cidadãos mais ou menos organizados, portanto associações, sindicatos etc., assim como de grupos empresariais e de conhecimento, entrecruzando-se com outros estados na região. Todavia ele é também resultado de uma matriz de forças sociais no marco da qual desdobra suas iniciativas. Em sociedades capitalistas, como são as nossas, é sabido que, apesar desta "autonomia relativa", dinâmica social e instituições respondem em grande medida às classes dominantes nesse "modo de produção". Contudo a dinâmica social e inclusive as instituições não se encontram ao abrigo total das iniciativas e do poder relativo das outras classes, em particular das classes populares. No caso latino-americano, principalmente no que tange ao desenvolvimento, devemos nos interrogar sobre sua situação. A matriz muda, mudam também as redes e os resultados que possam gerar.

Mas que classes populares são essas? Qual é seu potencial transformador? Trata-se dos cidadãos populares simplesmente, das classes operárias em sentido muito amplo? E o que é, nesse contexto, o popular? Enfim, é mister nos perguntarmos de onde viriam a vontade e a energia para mudar. Seguimos assim, nas ciências sociais bem como no que se refere às forças políticas, na "caça" aos "atores sociais", um jogo com quarenta anos ou mais, como já há um bom tempo observou Touraine (1988, p. 474). Da economia política retornamos à política e, entretanto, não obtemos êxito imediato. Embora aqui se deva considerar uma questão crucial e pouco clara. As classes na América Latina se organizaram muitas vezes, a despeito do desejo e da cognição de muitos observadores e militantes (o próprio Touraine, 1988, p. 50-87), em grande medida diretamente na política e dentro das coalizões chamadas de "nacional-populares", ou quando aquela lhe emprestou um caráter partidarizado, como no caso do Chile, com o destaque de comunistas e socialistas (Garretón, 2003).

Os longos processos de desencaixe que ocorreram na Europa durante os séculos XVIII e XIX, desde a consolidação do capitalismo e dos estados nacionais, coincidiram com a emergência de classes sociais que tendiam a abarcar a maioria em um contexto geral de liberalismo econômico e político, enquanto a América Latina, até as últimas décadas do século XX, atravessou processos mais limitados de desencaixe, os quais se combinaram com uma forte intervenção do estado na sociedade, em economias periféricas em que se lutava para mudar tal situação, o que levou a uma mescla mais clara de política e classes sociais. O Brasil assistiu à emergência tardia de uma classe operária numerosa e com identidade definida em fins do século XX, o que para muitos intelectuais transformou o PT em uma réplica ideal dos movimentos operários europeus. Mas não há essência de classe, tampouco há caminhos predeterminados nesse sentido. As classes são, como todas as subjetividades coletivas, construções sociais, históricas, contingentes (Domingues, 1995a). De um outro ângulo, o problema se repõe hoje — a partir da política antes que das relações sociais, ou seja, não é a partir da economia e das coalizões locais até chegar às questões estratégicas nacionais que se passa da "classe em si" à "classe para si" —, embora se deva tomar cuidado com desvios rumo a um construtivismo demasiadamente radical. Há condições concretas de possibilidade para essas construções, que não se realizam por atos da vontade, do espírito ou da linguagem, mas por relações e dependências, conflitos e oposições em torno a questões concretas de produção, distribuição, políticas, culturais e de qualquer outra natureza.

Logo, é possível avançar na hipótese de que é nestas frentes de cunho político que se constituirão (como o estão a fazer) novas subjetividades coletivas, novas identidades inclusivas, para além do pluralismo social geral e de movimentos, nos quais por conseguinte radicam as possibilidades de abertura política para caminhos novos do ponto de vista do modelo de desenvolvimento latino-americano. Alianças mais amplas e novos blocos históricos também se constroem por meio da política, conquanto demandem soluções e projetos bastante concretos para a vida social.

JOSÉ MAURÍCIO DOMINGUES

PALAVRAS FINAIS

A América Latina não vive uma situação particularmente auspiciosa em termos de sua localização na globalização. Temos uma cultura vibrante e movimentos sociais novos e criativos, de muitos e variados tipos. Consolidamos nossos sistemas políticos democráticos, "poliárquicos" no sentido de Robert Dahl. Mas o esgotamento do modelo de desenvolvimento nacional que nos guiou desde os anos 1930 aos 1970, a hegemonia e controle do capital financeiro somados à debilidade e dispersão das forças que podem vir a mudar a situação, para o que tampouco temos idéias claras, desenham nuvens escuras em nosso horizonte de curto e médio prazos.

Necessitamos portanto não apenas buscar politicamente novos caminhos, mas também tecer novas alternativas de um ponto de vista teórico, em uma situação que já foi pior, porém ainda permanece difícil, uma vez que soluções intelectuais e técnicas adquirem sentido em contextos concretos e de oportunidades de implementação. Quiçá estejamos pouco a pouco acercando-nos a esses contextos. É preciso pensar em como fazermo-nos mais produtivos. Com o que poderemos contribuir para dissolver aquelas nuvens e clarear a linha de nosso horizonte de possibilidades. Por certo, consensos ideológicos não têm como absorver movimentos como este.

CAPÍTULO 3 Regionalismos, poder de Estado
e desenvolvimento*

---

*Publicado em *Análise de Conjuntura OPSA*, nº 7, Observatório Político
da América do Sul, Iuperj, 2005. (http://www.observatorio.iuperj.br).
Agradeço a Mônica Herz a leitura da versão anterior deste artigo.

INTRODUÇÃO

Uma tendência de grande importância no mundo contemporâneo é aquela que implica a conformação de organismos regionais. No caso da América Latina, uma questão-chave, a que procuram responder essas iniciativas, é o desenvolvimento econômico e social. Não quero de maneira alguma contestar este tipo de perspectiva, expressa já de longa data por importantes intelectuais latino-americanos. Esse foi o caso, por exemplo, do argentino José Ingenieros. Para ele, se os governos latino-americanos não se mostravam inclinados à integração, por estarem por demais comprometidos com os Estados Unidos, cabia às "forças vivas" — hoje se falaria provavelmente de "sociedade civil" — do subcontinente (incluído aí o México) lutarem por uma confederação futura que reunisse nossos povos e estados (Ingenieros, 1922, p. 442-3). Atualmente, a situação se mostra mais auspiciosa do ponto de vista dos estados. Todavia, é preciso indagar sobre as virtudes e limites desse processo de integração, especialmente quanto a seu potencial desenvolvimentista, para usar expressão consagrada.

Nesse sentido, para além dos aparatos político-administrativos que vão sendo construídos, é necessário perguntar sobre as condições sociopolíticas que presidem este processo na região, em particular na América do Sul. Uma comparação com a União Européia será instrutiva para esse exercício, permitindo um contraponto em que o papel dos estados em relação a suas "sociedades" ganhará destaque na análise dos possíveis resultados do processo de integração. Mais ainda, é preciso situar os processos tanto latino-americano quanto europeu nos quadros da modernidade contemporânea, que entendo, baseando-me em trabalhos anteriores, como a sua terceira fase, caracterizada pelo que defini como "articulação mista". Somente assim, creio, lograremos uma avaliação mais adequada do significado e alcance desses processos — em outras palavras, dos *patamares* em que se desdobram. A questão do poder dos estados, em particular no plano "infra-estrutural", estará no centro da discussão.

A SEGUNDA ONDA DE REGIONALISMOS

Para situar de início a nossa questão, é preciso entender de que maneira tanto o Mercosul como a União Européia se inserem no que os estudiosos convencionaram chamar de "segunda onda de regionalismos".[1]

A primeira onda de regionalismo iniciou-se no pós-Segunda Guerra Mundial e teve fôlego principalmente até os anos 1970. Na América Latina, essa onda é marcada pelo surgimento de várias organizações regionais importantes. Entre elas, vale destacar as seguintes: a Organização dos Estados Americanos (OEA), de 1948; a Associação Latino-Americana de Livre Comércio (Alalc), de 1960; o Pacto Andino, de 1969; o Sistema Econômico Latino-Americano (Sela), de 1975; e a

---

[1]Esta sessão baseia-se fundamentalmente em Herz e Hoffman, 2004, cap. 5. Ver também Lima e Coutinho, 2005.

APROXIMAÇÕES À AMÉRICA LATINA

Associação Latino-Americana de Desenvolvimento da Integração (Aladi, que substitui a Alalc), enfim fundada em 1980. A criação da Comissão Econômica para a América Latina (Cepal), no âmbito da Organização das Nações Unidas (ONU), em 1948, enquadra-se até certo ponto nesse movimento, e se empenha em reforçá-lo.

Do ponto de vista econômico, na América Latina as organizações criadas nesse período se mostraram pouco eficazes e a integração econômica regional pouco avançou. De todo modo, essa primeira onda foi enfraquecida pela crise econômica global nos anos 1970 e por um aumento subseqüente do protecionismo em alguns países, desde sempre um problema para os processos de integração; a isso se somaram as estratégias, sobretudo norte-americanas e britânicas, de promoção de uma perspectiva neoliberal de "desregulamentação" dos mercados, perante a qual blocos regionais se mostravam como um empecilho. Somente nos anos 1990 o regionalismo é retomado em larga escala, em todo o mundo.

A nova onda de regionalismo produziu alguns processos de integração regional e implicou, nas Américas, alguns passos importantes, que avançaram mais que aqueles dados no período anterior, sobretudo do ponto de vista econômico. Além do Tratado de Livre Comércio da América do Norte (Tlcan), firmado em 1989, vale destacar nesse período a criação do Mercado Comum do Cone Sul (Mercosul), em 1991, e da Comunidade Andina (CAN), em 1997. A criação do Clube do Rio, em 1986, pode ser situada também nesse novo impulso em direção ao regionalismo. Embora sua data de formação seja alguns anos anterior àquele movimento mais amplo e o organismo tenha um caráter mais frouxo, seu desenvolvimento e fortalecimento se encaixam dentro da segunda onda de regionalismo. Mais recentemente, a Comunidade Sul-

Americana de Nações (2004), projeto importante do governo Lula, buscou ampliar o escopo do processo de regionalização em curso. O desenvolvimento econômico e social tem sido meta crucial visada por esses processos, embora em alguns casos (como aquele que se refere à relação entre Brasil e Argentina) a questão da segurança e confiança regionais tenha sido um forte elemento motivador inicial. Vale notar ainda que, ao lado desses processos estatais, há hoje um crescente intercâmbio entre coletividades societárias — incluindo empresas e empresários de diversos portes, universidades e forças armadas, movimentos sociais (sindicatos, especialmente), organizações não governamentais etc. —, o qual se desdobrou das atividades basicamente governamentais que deram início ao processo de integração (Camargo, 1993; Grandi e Bizzozero, 1999). Isso pode ser aproveitado para aprofundar esse processo em direções mais produtivas e inovadoras, como veremos mais adiante.

A inspiração para os avanços recentes — em particular a CAN, o Mercosul e a Comunidade Sul-Americana de Nações — deriva do processo regional europeu que, congregando alguns países originalmente, se ampliou de modo progressivo, desde o seu embrião nos acordos da Comunidade Européia do Carvão e do Aço (1952), passando pela Comunidade Econômica Européia (1958), até chegar à União Européia (UE — formalizada em 1992), com a incorporação, hoje, de vários novos membros, apesar de percalços recentes em sua trajetória constitucional. De modo geral, este processo tem sido extremamente bem-sucedido, incluindo elementos ausentes nos blocos sul-americanos, como a unificação de políticas públicas, a liberdade de movimentação da força de trabalho, certo grau de unificação política, forte legitimação cultural etc. Apenas o tempo de evolução desses processos, bastante menor

APROXIMAÇÕES À AMÉRICA LATINA

no caso sul-americano, não explica, porém, os resultados mais sólidos da construção regional européia. Tampouco o momento em que se realizaram — com o processo recente de globalização estando bem mais avançado no caso sul-americano — parece ser uma resposta adequada e suficiente à questão. A que se deveria essa diferença?

Não importa aqui uma análise detalhada das organizações regionais sul-americanas, e menos ainda da UE. Interessa, principalmente, esboçar o contraponto entre essas duas tendências à regionalização, desde o ponto de vista de seus alicerces sociopolíticos mais latos, para então se pensar o seu significado para o desenvolvimento da América do Sul ou Latina, mais amplamente.

Em primeiro lugar, é necessário observar que esses processos de criação de organizações regionais, voltadas ou não para os processos de integração propriamente ditos, se baseiam no funcionamento dos estados nacionais que os impulsionam ou que deles tomam parte. Mas é preciso perguntar: uma discussão que tome esses estados como se fossem equivalentes — não apenas em seu peso uns frente aos outros, mas em suas estruturas mais íntimas — pode efetivamente interpretar o significado desses processos de regionalização? Não creio. E é isso que tentarei, no que se segue, ponderar.

ESTADOS, REGIONALISMOS E PODERES INFRA-ESTRUTURAIS

Os estados europeus já têm se caracterizado há muito por uma grande capacidade de controle e intervenção sobre suas sociedades, o que se gesta inclusive sob os regimes absolutistas que coroam a era feudal e, no mesmo passo, preparam a modernidade. Conhecimento da vida social — para o que a estatística contribui sobremaneira — e disciplinarização dos indivíduos e coletividades são elementos-chave nisso. O mesmo diz respeito à capacidade de mobilização das forças sociais por esse estado. As idéias de Foucault (1979) são particularmente importantes nesse sentido, ainda que ele tenha se preocupado particularmente com a ampliação do exercício do poder para além — ou, dito de outra forma, aquém — do estado. Em particular, foi importante o que ele chamou de *biopoder*, a gerência das populações que os estados modernos vêm praticando. Os Estados Unidos da América do Norte replicam, *grosso modo*, essa situação, que na Europa atingiu seu ápice com a emergência do Estado keynesiano e de bem-estar social. Isso é o que, em geral, Mann (1986 e 1993) chamou de "poder infra-estrutural" do estado, aquilo que lhe faculta realizar coisas por intermédio de sua "sociedade" (formação social definida por seu controle territorial) e, por outro lado, permite que essas energias sejam canalizadas para aumentar o poder coletivo de determinadas redes sociais delimitadas por um estado, conformando precisamente uma "sociedade", em um jogo de soma positiva. Ele contrasta isso com o que chama de "poder despótico", ou seja, aquilo que o estado pode propor-se a realizar sem que seja necessário consultar a sociedade. De qualquer modo, deve-se notar que o controle sobre o território é um dos primeiros, e principais, conquanto se o tome amiúde como dado, elementos que caracterizam o poder de um estado. A penetração e enraizamento das instituições nas sociedades que são conformadas por essa delimitação de base territorial, social e política respondem pelo poder infra-estrutural do estado. Mas, para Mann, ela se efetiva apenas na medida em que uma situação de incorporação ampla e tendencialmente igualitária da população do país se realiza.

APROXIMAÇÕES À AMÉRICA LATINA

Ora, isso é algo que está longe de ser pujante exatamente nos estados latino-americanos. Como observa Mann:

> (...) os mais eficazes dos modernos Estados são aqueles cujas sociedades são homogêneas e igualitárias o bastante para permitir o desenvolvimento de um sentido comum de cidadania nacional. Isso permite aos estados desenvolver poderes infra-estruturais efetivos para mobilizar recursos e, assim, promover o desenvolvimento. A longo prazo, esses estados também se tornarão democráticos (...) Os estados-nação da América Latina têm grandes fracassos nesse aspecto (Mann, 2004, p. 165).[2]

Na verdade, o poder infra-estrutural dos estados que se esparramam desde o México tem sido sempre relativamente baixo (sobretudo se comparado ao dos estados europeus), embora mais recentemente seja clara a tendência ao desenvolvimento e estabilidade dos elementos formais da democracia. Esses estados evidenciam conhecimento pouco profundo das "sociedades" e populações que os compõem, capacidade limitada de intervenção e controle e, relativamente, baixa capacidade de mobilização da coletividade, de modo a aumentar o poder da "sociedade" nacional conformada por eles, com exceções, decerto, que confirmam a regra. Sequer estatísticas boas e compreensivas para questões sociais — desenvolvidas pelo estado de bem-estar para permitir o planejamento dos "riscos" sociais — se encontram com freqüência na região. As instituições nacional-estatais têm penetração e enraiza-

---

[2]Giddens (1985, p. 10-1), por seu turno, chamou isso de "dialética do controle" entre estados e populações modernas, mencionando ainda o "escopo" do controle que aquele pode exercer, em contraposição a sua "intensidade".

mento relativamente baixos na região, sendo que variações entre eles podem ser substanciais, não obstante. A Colòmbia é um caso extremo, ao controlar apenas 40% de seu território e a sua população manifestar uma ojeriza ao estado que data do período de *la Violencia*, entre os anos 1930 e 1950, oferecendo uma demonstração radical e nos termos mais básicos das limitações do poder infra-estrutural de seu estado "nacional" (Mann, 2004; Pécault, s/d). Mas não é de forma alguma o único, expressando, em sua extrema debilidade estatal (que deriva em parte da resposta brutal das oligarquias tanto quanto da falta de legitimidade advinda da ausência de uma fundação "mítica" da nação), problemas que são compartilhados pelos outros estados da região.

Isto não quer dizer que os estados nacionais não tenham capacidade para controlar certos processos sociais na América Latina. Eles possuem capacidades relativamente bem desenvolvidas ou até mesmo altas em algumas áreas, em particular a partir dos anos 1930: de vigilância e controle, no caso por exemplo da Argentina, no que tange à província de Buenos Aires, ou no que se refere à intervenção desenvolvimentista na economia, como nos casos do Brasil e México. Ademais, isso é verdadeiro para alguns aspectos específicos da ação do estado em vários desses países — em particular vis-à-vis a economia, em termos de comércio internacional e fluxos financeiros, bem como no que tange à sua capacidade de arrecadação de impostos —, imperativos para a sua sobrevivência, mas também de interesse direto para certos grupos e frações de classe burguesa e/ou oligárquica que hegemonizam os processos econômicos. As formas de dominação oligárquica no campo garantiram durante muito tempo que não seria necessário um poder infra-estrutural forte do estado de modo amplo, sendo as cidades ainda tributárias da combinação de clientelismo e repressão policial violenta. Assim, o que interessa à população em geral é menos relevante e ganha menos espaço junto ao desenvolvimento do aparato burocrático e no que toca à pesquisa social gerenciada pelo estado. A enorme massa de trabalhadores lançados no mercado de trabalho "informal", conformando para alguns uma segmentação estrutural (Nun, 2001), patenteia o desinteresse do estado em — e em parte a sua incapacidade de — efetivamente controlar e regular o mercado de trabalho de modo geral. A diferença aí diz respeito sobretudo às coletividades outrora integradas pelo corporativismo e, mais recentemente, aos pobres que servem de alvo às políticas sociais baseadas na idéia de eqüidade. Propostas e financiamentos internacionais, principalmente aqueles hoje sugeridos e/ou exigidos pelo Banco Mundial, impulsionam o avanço de certos poderes infra-estruturais nos estados latino-americanos.

Precisamente os processos de organização supranacional desta segunda fase do regionalismo são dependentes da realidade sociopolítica que subjaz à conformação dessas novas instituições, que dependem, para sua força e efetividade, das capacidades dos estados-membros, ainda que aparatos de poder específicos — numerosos e fortes, no caso da UE, débeis e parcos no caso sul-americano — tenham sido criados nos processos de organização e integração regional. As instituições dos países-membros dessas novas "comunidades" dependem do enraizamento institucional dos diversos estados nas sociedades que conformam e delimitam. Assim, enquanto a UE possui instituições pujantes e grande poder infra-estrutural, as suas congêneres sul-americanas se mostram frágeis a partir desse ponto de vista. Sem dúvida, isso tem a ver com certa juvenilidade do processo sul-americano, porém não se resume a ele. Se é possível esperar um aumento da efetividade e penetração das instituições regionais sul-americanas nos próximos decênios, é improvável que venhamos a constatar o desenvolvimento de um poder infra-estrutural semelhante ao da UE. Esta região, por outro lado, pode até apresentar certa rigidez contemporaneamente, no que se refere às relações entre estado, organismos regionais de integração e "sociedades", ao menos se a comparamos com os Estados Unidos e a Ásia (ver Lash e Urry, 1994, para um panorama).

É preciso considerar ainda que o período atual agrava os problemas infra-estruturais dos estados latino-americanos, gerando-os em alguma medida nos estados europeus. Os processos acentuados de globalização são um dos fatores em pauta aqui, pois geram fluxos societários — populacionais, financeiros, produtivos, culturais, de informação — de controle cada vez mais difícil para o estado nacional, seja na Europa, seja nas Américas ou em outras partes do planeta. Há um aumento constante da porosidade das fronteiras estatais, em qualquer parte do mundo, inclusive nos países da UE, se a considerarmos o arremedo de um estado supranacional europeu. Aprofundam-se mais os problemas a acossar o estado, que se vê pressionado a abrir mão de controlar ou mesmo regulamentar a sua "sociedade". Mas os resultados aí são díspares: os problemas são mais fundos para aqueles estados mais débeis, os quais, ao recuar, são menos capazes de organizar essa retração, isto é, re-regular a sua "sociedade" por meio de medidas e instituições que mantenham o seu poder infra-estrutural em um nível elevado, ao passo que aqueles que eram mais fortes serão mais bem-sucedidos nisso (Offe, 1996). Obviamente, seja no que se refere aos estados nacionais tomados singularmente, seja no que tange aos organismos supranacionais, a comparação entre Europa e América do Sul não pode, seja teórica seja empiricamente, senão assinalar, de forma evidente, em que situação se acham estes e aqueles. Mas,

APROXIMAÇÕES À AMÉRICA LATINA

para além disso, cumpre investigar as mutações recentes da modernidade, que incluem, sem se esgotar nela, a intensificação do processo de globalização a partir dos anos 1970.

A TERCEIRA FASE DA MODERNIDADE

A utopia moderna implicou sempre a tentativa de homogeneização da sociedade. Em um primeiro momento, isso significava o estabelecimento de um mercado universal, de um estado limitado, de uma família nuclear e patriarcal. Era a primeira fase da modernidade, ou modernidade restrita (ainda mais restrita na América Latina). Em um segundo momento, isso implicou uma intervenção mais ampliada do estado na sociedade — expressa no keynesianismo, no welfarismo estatal e no nacional-desenvolvimentismo —, sem que aqueles pilares se alterassem fundamentalmente. Mercado (troca voluntária) e hierarquias (estatais ou de outra ordem, sempre baseadas no comando) esgotariam as formas de articulação social. Hoje, contudo, a extrema complexidade social impede que a modernidade prossiga nessa direção. Para alguns, isso nos teria transportado à pós-modernidade. Prefiro, todavia, pensar o mundo contemporâneo em termos de uma terceira fase da modernidade, de "articulação mista", em que a heterogeneidade social se impôs — ao arrepio de utopias modernizadoras — e as redes (de colaboração voluntária) se firmaram como uma forma crucial de coordenação da vida social, ao lado de mercados e hierarquias.[3]

[3]Ver Domingues, 2002a e 2005b, neste último caso com referência direta ao subcontinente. Vale notar que, ao passo que a segunda fase da modernidade é coetânea à primeira fase do regionalismo, a terceira fase daquela o é em relação à segunda fase deste.

O que isso traz de mudanças para esses estados? Um elemento que sistematicamente tem sido apontado é o neoliberalismo. Isto não deixa de ser verdade, até certo ponto. Mas ele é principalmente uma resposta à crise do estatismo da segunda fase da modernidade, e uma resposta bastante imperfeita, uma vez que lhe seria agradável retomar em certos aspectos a utopia homogeneizadora da primeira fase da modernidade. Na prática, além das políticas macroeconômicas neoliberais, as coisas têm se passado de outra maneira no mundo. À opacidade de uma sociedade crescentemente complexa, as formações estatais têm respondido com recuos e rearranjos, cujas duas vias possíveis são aquelas já assinaladas anteriormente, dependentes das capacidades infra-estruturais preexistentes nos diversos países. Precisamente, intervenções mais *ad hoc* e setorializadas têm emanado desses estados, com certo sucesso, ao avançarem nessa direção ou ao buscarem manter-se infensos a ela.[4] Os estados europeus e o grande aparato burocrático da UE resistiram mais a essas mudanças, mais ciosos de manter sua relação hierárquica com a sociedade, e podendo contar com um maior grau de legitimidade. Foram bem-sucedidos nesse sentido, embora o ritmo de crescimento econômico lento e tímido que os caracteriza, bem como o agravamento da situação social européia, ponham em questão a adequação de sua estratégia.

Já na América Latina, a situação é menos auspiciosa. O nacional-desenvolvimentismo morreu e não se sabe como substituí-lo; as demandas por expansão da cidadania se detiveram no plano político, sem serem efetivadas no plano dos

---

[4] Em que medida desregulamentar significa uma forma de regulação e em que grau isso foge ao controle de um dado estado ou se põe como sua opção é questão que não será possível explorar aqui.

direitos sociais; o estado se enfraqueceu, sem que novas formas de articulação entre ele e a sociedade tenham progredido na direção de propiciar de modo amplo (exceções não obstante) comunicação e correias de transmissão e/ou colaboração melhores e mais eficientes. Por seu turno, o avanço dos organismos do Mercosul, da CAN e da Comunidade Sul-Americana de Nações é parco do ponto de vista institucional, em particular levando-se em conta as necessidades expressas por essas sociedades em sua fase atual de modernização — novas formas e direções de desenvolvimento econômico e social, para não falar da democratização desses organismos de integração em si. Se nos lembrarmos que uma das razões fundamentais para a construção desses organismos é precisamente o desenvolvimento econômico e social da região, isso não pode deixar de ser decepcionante. Sem um poder infra-estrutural razoável e sem serem capazes de conduzir a região em novas direções nessa área, elas podem contribuir decerto para minorar nossos problemas. Porém, enquanto as sociedades européias se unificam em um patamar alto, as sul-americanas o fazem em um patamar muito mais modesto. Se um dos objetivos do desenvolvimento é, além de garantir melhores condições internas às populações de cada país, reposicioná-los de forma mais igualitária no plano internacional, os patamares em que este processo se dá, lá e cá, apenas manterão, na melhor das hipóteses, a situação de desigualdade atual. Isso é verdadeiro no que se refere ao plano interno, assim como no que tange ao plano internacional (Sunkel e Paz, 1974).

Ademais, é necessário levar em conta que o desenvolvimentismo supunha uma intervenção forte do estado na economia, pondo em movimento a *mobilização* da sociedade e demandando certo grau de poder infra-estrutural. Isso se deu com sucesso em algumas áreas durante certo período, mas é o que exatamente se encontra em xeque em função das questões assinaladas até aqui (ver também Domingues, 1999b). Há alguma alternativa a essa situação?

Certamente, não é apenas o poder infra-estrutural dos estados o que conta para o desenvolvimento. Processos econômicos, nível educacional, padrões culturais, instituições mais diretamente societárias, incorporação da população aos mercados, distribuição populacional são alguns dos fatores que contribuem nessa direção ou dificultam os avanços. Mas mesmo eles dependem em alguma medida do estado ou podem ser ativados por ele — em outras palavras, o aumento do poder coletivo de uma dada "sociedade". Se tradicionalmente era a capacidade hierárquica — de comando — do estado que importava, ao menos na teoria, para a mobilização social (nacional) pró-desenvolvimentista, hoje são outros laços, sem prejuízo da manutenção de hierarquias — e, sem dúvida, trocas voluntárias também —, o que pode ser efetivo para permitir a consecução dessas metas: as redes sociais. Este é um tema da obra unilateral de Castells (1996), que tem outrossim a virtude de atentar para o problema. Isto posto, como podem os estados nacionais latino-americanos e, mais especificamente, as organizações regionais de integração do subcontinente contribuir para o desenvolvimento hodiernamente?

CIÊNCIA, TECNOLOGIA E DIREITOS

Em primeiro lugar, é preciso ter em mente que as redes e a colaboração voluntária tão relevantes nesta terceira fase da modernidade não impingem somente sobre o mundo extraestatal. As articulações entre estado e "sociedade" têm também se apoiado crescentemente sobre elas. Isso é verdadeiro em particular no que se refere ao desenvolvimento tecnológico, como aliás Castells destaca acertadamente. Se é necessário manifestar reservas quanto à ideologização do tema e à dificuldade de localizar na América Latina o que convencionalmente se tem chamado de "hélice tripla" (Dagnino, 2004) — isto é, a articulação entre estado, universidade e empresas —, nem por isso esta deixa de ser uma questão que devamos considerar estrategicamente. Ao contrário. Aqui pode localizar-se um dos eixos fundamentais da contribuição dos organismos de integração regional ao nosso desenvolvimento econômico e social.

Sabemos que o investimento em Pesquisa & Desenvolvimento (P&D) é baixo na América Latina, em particular no setor privado, não obstante uma evolução timidamente positiva ao longo dos últimos quinze anos. Segundo dados de 1999, possuindo 8% da população mundial, a América Latina investiu 1,9% do total global em P&D, naquele ano, representando 0,59% do Produto Interno Bruto (PIB), ao passo que os Estados Unidos, com 4% da população mundial, investiram 43% (Erber, 2000; Grobart Sunshine, 2002, especialmente p. 16-7; Dagnino, 2004; Katz, 2005). Um duplo desenvolvimento teve lugar desde então. Observe-se primeiramente que no mundo como um todo, de 1994 a 2003, os investimentos totais em P&D cresceram 82%, passando de 470 a 860 bilhões de dólares. A América Latina, por seu turno, aumentou seus investimentos totais. No Brasil eles se encontram próximos a 1% do PIB, embora México e Argentina tenham médias bem mais baixas, com aquele passando de 0,29% em 1994 a 0,45% em 2003 e esta mantendo sua taxa constante em 44% (sendo estes três os países que concentram 90% do investimento da região na área). Mas se tomamos a participação do subcontinente em relação ao investimento global, ela cai de 1,6% para

1,3%, em dólares correntes, e de 3,1% para 2,5%, ao aplicar-se o critério de Paridade de Poder de Compra (Ricyt, 2004). Sem dúvida, é mister reverter essa situação, aumentando essas porcentagens. Mas isso por si só dificilmente seria capaz de resolver o problema. Pois trata-se de como tornar esses investimentos produtivos tanto em ciência quanto em tecnologia, além de garantir que aquela gere um avanço desta (problema igualmente premente).

Essas são as áreas-chave do crescimento econômico e do desenvolvimento no mundo contemporâneo, sobretudo quando ocorre a difusão dessas inovações por toda a economia e a sociedade. Isso ocorre em detrimento, ainda mais agudo hoje do que no passado, da produção e exportação de bens primários, em que de resto a América Latina ainda se vê ou, pior ainda, assiste a uma *reprimarização* de suas exportações devido à redução de sua capacidade competitiva internacional na área de produtos de maior valor agregado tecnologicamente (Grobart Sunshine, 2002, p. 13-6). Ademais, a chamada "hélice tripla" tem se mostrado em geral um mecanismo extremamente eficiente para o desenvolvimento científico e tecnológico, o que na América Latina não vem ocorrendo (quando ocorre, o Brasil é de novo o país mais bem-sucedido, ainda que minimamente) (Botagaray e Tiffin, 2002). Mais uma vez, é preciso avançar para reverter esta situação.

Se isso é verdade para o âmbito nacional, do ponto de vista regional, o mesmo deve ser dito e almejado. Em lugar de uma "hélice tripla" teríamos então, por assim dizer, uma "hélice múltipla", incluindo redes que congreguem diversos estados, universidades e empresas dos vários países da região, otimizando os recursos disponíveis para mobilização em cada um deles. Nesse sentido, o poder infra-estrutural de nossos estados e organismos regionais de integração poderia ser mais bem

APROXIMAÇÕES À AMÉRICA LATINA

aproveitado, em que pesem suas limitações relativas. Ademais, como P&D nas empresas dificilmente se mostra significativa na América Latina, o estímulo e o financiamento estatais são de grande importância — e continuarão a sê-lo no futuro previsível. Isso não garante, contudo, a superação da heterogeneidade dessas formações socais — por vezes pode inclusive agravá-las, porquanto essas redes possuam amiúde um elemento particularista. Como tratar dessa heterogeneização e evitar que redes se transformem em enclaves desconectados dos países em que sejam operativas, de certo modo mantendo um aspecto decisivo das utopias modernas, neste caso de sinal universalista e igualitário?[5] Políticas para garantir o desenvolvimento de regiões que não sejam diretamente afetadas por esses processos e redes, políticas de cunho regional ou baseadas nos organismos de integração do subcontinente, bem como a expansão e efetivação de direitos são, quero crer, os elementos fundamentais para garantir certo grau de homogeneização social, de igualitarismo e universalização dos benefícios do desenvolvimento.

Nesse sentido, se há uma tendência forte à heterogeneização dessas "sociedades", ao estado compete reduzi-la, o que parece contribuir, em um círculo virtuoso, para o desenvolvimento de seu poder infra-estrutural. Mas hoje isso tem de ser feito de modos mais sutis, preservando inclusive a crescente *pluralidade* social que se impõe nesta região tanto quanto em outras partes do mundo (cf. Domingues, 2005a e 2005b). Cidadania, inclusão, legitimidade — em suma uma *solidariedade complexa* — dependem do desenvolvimento, isto é, dessa

---

[5]Este é um problema que afligia cepalinos e pós-cepalinos, em particular em função da heterogeneidade gerada pela importação de tecnologia pelas empresas estrangeiras e sua não-difusão na economia em geral. Ver, por exemplo, Pinto, 1976.

capacidade de garantir patamares básicos e gerais para o conjunto da população dos estados nacionais, mas também no espaço coberto pelos organismos regionais, de modo que eles sejam reconhecidos efetivamente como legítimos e eficientes, ao mesmo tempo que respeitam a diversidade social — o que de maneira nenhuma deve ser visto como equivalente à fragmentação.

Nesse aspecto, o papel dos aparatos (supra)estatais não se alterou fundamentalmente nesta terceira fase da modernidade em relação em particular à segunda, que foi marcada pelo nacional-desenvolvimentismo na América Latina, embora as condições para suas operações hajam se modificado em grande medida. Criar laços de colaboração voluntária entre estado e "sociedade", facilitando a criação do mesmo tipo de laço entre atores societários, é uma estratégia nova, à qual se deve estar atento, buscando inovar e gerar situações e instituições que sejam eficientes para isso. Os processos de integração mais diretamente societários, que mencionei acima, ajudam nessa direção. E, obviamente, aqui se põe também a questão da democracia, fundamental para o aumento do poder infra-estrutural do estado, no que a América Latina, em termos da segunda fase do regionalismo, ainda também engatinha, sem embargo estarem as democracias ("poliárquicas") bastante estabilizadas no subcontinente, com a superação bastante avançada de formas de poder despótico nos países de língua portuguesa e espanhola. Os próximos anos, e as opções políticas que em seu curso serão selecionadas, consistirão em uma resposta mais ou menos adequada a esse desafio. O patamar da integração e o posicionamento de nossos países no sistema internacional dependerão largamente desses passos.

A GUISA DE CONCLUSÃO

Este artigo procurou enfocar o processo de integração regional latino-americano, com o contraponto, quase obrigatório, oferecido pela União Européia, de um ângulo particular: o das relações entre estado (aí incluídos os organismos regionais, em particular de integração, por eles institucionalizados) e as "sociedades" do subcontinente. Os dois argumentos fundamentais, que concernem ao relativamente baixo poder infra-estrutural desses estados e ao desenrolar desse processo nos quadros da terceira fase da modernidade, confluíram para uma discussão em que retomei a questão do desenvolvimento, fulcro hoje dos processos de integração. Seria talvez conveniente retomar a observação de que, se há certa frouxidão nas relações entre estados e "sociedades" na América Latina, na Europa é possível que haja, ao contrário, certa rigidez. Uma situação a meio caminho entre ambas as situações pode ser aquilo que se deve visar, ao menos no subcontinente. Nesse sentido, um poder infra-estrutural mais democrático e flexível, baseado em grande medida nos mecanismos de rede e na colaboração voluntária como meio de coordenação da ação social, pode contribuir para a alteração da atual situação, seja em termos do desenvolvimento interno da região, seja no que tange ao patamar em que se realiza a sua inserção global.

Pouco a pouco o novo regionalismo finca raízes societárias mais fundas entre nós. Dar-lhe organicidade e institucionalizá-lo de formas inovadoras é ainda um desafio. Às "forças vivas" de nossos países, às quais se referia o texto de Ingenieros citado na abertura deste artigo, pode ser de grande valia o apoio de seus estados para avançar mais nessa direção.

CAPÍTULO 4 # O nacionalismo nas Américas do Sul e Central*

*Publicado em Gerard Delanty e Krishan Kumar (orgs.), *Handbook of Nationalism*, Londres, Sage, 2006.

INTRODUÇÃO

A independência das colônias ibéricas no Novo Mundo foi um dos elementos que anunciou o advento da modernidade. É neste contexto, com, é claro, as particularidades que se põem ao sul do equador, que a construção da nação e o nacionalismo nas Américas devem ser entendidos.

A modernidade "desencaixou" as pessoas de suas formas de vida mais circunscritas e mudou inteiramente o espaço-tempo em que suas vidas se desenvolviam. "Reencaixes", tanto no plano individual quanto no coletivo, são uma resposta a essa situação nova (Giddens, 1990; Wagner, 1995; Domingues, 2002a, cap. 4). Em larga medida o estado-nação tem sido, ao menos na Europa e nas Américas, a moldura principal em que tais reencaixes têm sido logrados. A modernidade implicou um processo de complexificação da vida social, atravessada por um impulso rumo à diferenciação. O nacionalismo proveu uma contratendência: a *desdiferenciação* da identidade coletiva mediante uma homogeneização da nação que assim emergiu, fazendo nascer um novo foco para investimento catético, psicológico. Desde os séculos XVIII e XIX, conquanto restrita, formal e praticamente, a cidadania tem acompanhado a formação do estado-nação nessas áreas e o telos do desenvolvimento social, tal qual construído nas mentes e imaginários dos povos desses países, foi a sua incorporação à nação como cidadãos igualmente livres. A cidadania, contudo, como um feixe de direitos e (em menor medida) de deveres, e implicando a desdiferenciação também em seu universalismo, é excessivamente rala para prover a construção de identidades. Os reencaixes devem ser portanto moldados também de outras formas, com mais substância. Em "sociedades" que aspiram à homogeneidade, por meio da força condutora do estado (ponto que retomarei abaixo), o nacionalismo tem provido, de uma maneira ou de outra, identidades individuais e coletivas mais densas. Ele é menos abstrato que a cidadania e frisa as particularidades, históricas e culturais, que permitem um cadinho em que se junta uma população específica (Domingues, 2002a, cap. 7). Ademais, embora seja universalista e homogeneizante, uma ambigüidade fundamental permanece — e é aparente nos casos em questão —, uma vez que as diferenças não somem totalmente e classe e raça, bem como gênero, se hierarquizam dentro daquilo que é em princípio uma nação homogênea (Wade, 2001).

Enquanto o atomismo das perspectivas liberais era forte nas sociedades ocidentais e estava de certo modo em tensão com a perspectiva romântica e englobante do nacionalismo, nas Américas colonizadas pelos reinos ibéricos, a prevalência do neotomismo como uma visão de mundo renascentista nos séculos XVI e XVII facilitou o caminho para a intervenção do estado no sentido "civilizador" de criar nações a partir do amálgama de culturas e povos bastante diferentes. Aquela doutrina perdeu seu vocabulário próprio, mas suas concepções principais viveram para além de sua formulação explícita e foram incluídas nas novas ideologias políticas que floresceram após as independências, ajudando os processos que uma vez chamei de "construção da nação" (Morse, 1982; Domingues, 1993 e 1995b).

A esta caracterização interna deve-se adicionar que o nacionalismo precisa ser obviamente posto também no contexto das relações internacionais. Ele possui um aspecto externo, interativo, em termos da construção de identidade e da definição de interesses (amplamente concebidos). Nesse sentido, o nacionalismo nas Américas do Sul e Central mostra grandes diferenças em relação àquele que surgiu nos países "centrais" do sistema global. Ele assumiu ao mesmo tempo uma posição defensiva e libertadora, bem como desenvolvimentista, que visava igualizar a situação das diversas nações no sistema global. A esta altura, é mister introduzir uma outra distinção. O nacionalismo pode assumir formas agressivas e buscar a dominação sobre outras nações, ou ao menos sustentar uma visão excludente; este é amiúde o caso do nacionalismo de direita. Todavia, pode assumir formas mais benignas, evidenciando portanto um caráter anticolonial e antiimperialista; este tem sido amiúde o caso do nacionalismo de esquerda, de persuasão socialista ou não. O nacionalismo de direita, fascista e autoritário — pequeno-burguês nos anos 1930 e mais tarde com as ditaduras militares que foram a praga desta região dos anos 1960 aos 1980 —, de fato apareceu na América "Latina". Contudo, o subcontinente tem em geral se mostrado mais inclinado ao segundo tipo, crescentemente incorporando as massas populares em suas promessas de desenvolvimento e autonomia (Vilar, 1971). Seja como for, ambos os tipos de nacionalismo se põem como formas de reencaixe e construção de identidade, cujo conteúdo cultural e político depende da dinâmica social concreta.

Logo, o nacionalismo tem dois traços que podem ser analiticamente distinguidos, embora estejam concretamente entrelaçados nos processos sociais. O nacionalismo deve ser posto em um contexto interativo, isto é, como um meio ou aspecto da construção da subjetividade coletiva — a nação — que interage com outras subjetividades coletivas, nomeadamente, outras nações e sistemas sociais. E possui também um aspecto interno que contribui para a integração social (que, a meu ver, deve ser antes entendida como um sentimento de pertencimento e reconhecimento do que mediante a noção funcionalista de um compromisso com valores comuns) de "sociedades" modernas, complexas, um tipo particular de subjetividade coletiva, em seu processo de construção identitária (ver Delanty e O'Mahony, 2002, p. 35ss. e 70).

Enfim, caracterizada pela acentuação da globalização, que é um dos traços do que pode ser definido como a "terceira fase da modernidade" (Domingues, 2002a, cap. 8), a atual configuração do mundo engendrou realmente alguma renovação do nacionalismo nas Américas do Sul e Central. De modo geral, contudo, um enfraquecimento das identidades nacionais (especialmente naqueles países que incluem vastas populações indígenas e têm sempre grandes problemas para alcançar uma construção da nação mais homogênea), bem como o desejo de encaixar-se, de uma forma ou de outra, no movimento globalizante, têm sido dois aspectos da dinâmica cultural e política atual. Mais complexidade e a pluralização de identidades, assim como a retração do estado e a questão problemática das estratégias de desenvolvimento voltadas para superar a posição subalterna desses países na arena global, têm consistido no outro lado desses processos sociais geminados.

INDEPENDÊNCIA E CONSTRUÇÃO DA NAÇÃO

A independência dos países latino-americanos ocorreu entre 1810 e 1825, embora Cuba, por exemplo, tenha se emancipado da Espanha tardiamente, em 1898, somente para ver-se controlada muito estreitamente pelos Estados Unidos. Poucos países no mundo, portanto, tiveram de encarar processos de construção nacional tão cedo quanto eles. Nesse sentido, foram de fato pioneiros, como Anderson (1991, cap. 4 — ver também Vilar, 1971) notou de maneira percuciente.[1] Todavia, diferentemente da Inglaterra, em particular, e da França — e em grande medida dos Estados Unidos também, não obstante a permanência da escravidão neste país do norte —, dificilmente se poderia falar de população alfabetizada e de participação popular nas independências e na construção das nações que delas emergiram. Decerto houve setores populares, escravos e pessoas comuns que se juntaram ao esforço independentista (especialmente, porém não apenas, nas regiões que se tornaram o México, a Venezuela e o Uruguai), mas eram uma minoria e na seqüência da queda dos impérios coloniais foram incapazes de exercer qualquer influência sobre os novos sistemas políticos. Isso realmente marca uma distinção em relação à Europa ocidental e empresta uma face particular, oligárquica, a esses movimentos nacionalistas originários.

---

[1]Contudo, vale notar que, contra as fortes teses de Anderson, Lomnitz (2001) argumenta três pontos: que, no que se refere à terminologia, seu trabalho contém erros; que sua ênfase na camaradagem "horizontal" perde a articulação do nacionalismo com a hierarquia; e que sua noção de auto-sacrifício em nome da nação como aspecto decisivo é exagerada. Ver Bethell, 1987, para uma visão geral das independências nas Américas do Sul e Central.

A integração social a um nível superior de complexidade e o meio de reencaixe de largos estratos sociais não foram logrados dessa forma. Na verdade, o caráter predominantemente agrário, a subordinação pessoal contínua da maior parte da população, inclusive nos centros urbanos, por intermédio de formas "feudais" ou pela escravidão, a senhores de terra e burocratas, o confinamento da maioria da população a coordenadas espaço-temporais específicas (embora "tradicional" seja um termo incorreto para descrever a situação) não demandavam o nacionalismo como meio de criar formas mais amplas de solidariedade. As classes e grupos estatais dominantes emergentes (às vezes difíceis de distinguir), que haviam sido até então excluídos dos níveis mais altos da administração, tinham de fato a necessidade de novas formas de identificação e de laços solidários. O nacionalismo os proveu. Entretanto, em certa medida o aspecto relacional do nacionalismo — que dá base à identidade e à definição de interesses vis-à-vis coletividades "externas" — predominou nesse estágio. A luta contra os poderes coloniais pelos *criollos* da América hispânica e seus pares no Brasil abriram caminho e requereram novas formas de ideologia que fossem capazes de dar sustentação a essa aventura perigosa e incerta, isto é, a luta para libertar suas regiões da dominação metropolitana. Não quero dizer com isso que havia lucros imediatos a auferir desse esforço, porquanto para muitos dos lutadores coloniais pela liberdade o resultado foi desastroso, levando à perda de propriedade, sofrimento físico e inclusive à morte. Desde esse começo, pois, o nacionalismo exerceu seu poder de sedução, como força tanto social quanto psicológica.

Se havia um impulso geral por trás das independências, as específicas condições sociais conduziam a resultados bastante díspares. O contraste principal deve ser feito entre o Brasil e as colônias hispano-americanas. A colônia portuguesa manteve a sua integridade, ao passo que estas últimas deram nascimento a uma miríade de países. De todas as explicações para essa disparidade bastante impressionante, a mais sensata é aquela que aponta para o fato de a liderança intelectual haver sido moldada de formas muito distintas (Carvalho, 1980). À colônia portuguesa nunca foram permitidas universidades locais. Todos os seus intelectuais e burocratas foram formados, até a conformação do novo país, na Universidade de Coimbra, e parecem ter desfrutado de um alto grau de identificação coletiva, que foi mantida na luta contra o anterior reino inclusivo. Ademais, isto se combinou a uma transmissão de poder ao filho do imperador de Portugal, o que implicou uma óbvia continuidade na política e na administração, dando origem, em 1822, ao Brasil. Em compensação, as colônias espanholas encontraram suas linhas de fratura e formação dos novos países independentes em torno a universidades locais, que eram responsáveis, durante o período colonial tardio, pela educação de intelectuais e administradores. Não se deve esquecer, porém, da violência do processo também no Brasil: durante todo o século XIX, as elites e intelectuais locais organizaram movimentos para liberar-se — com freqüência mediante a ideologia republicana — do novo Império do Brasil, e foram duramente reprimidas pelos exércitos do governo central.

Durante o século XIX — que alguns historiadores definiram como "perdido" —, não houve qualquer alteração dramática dessa configuração. De todo modo, o capitalismo se desenvolveu, a burocracia foi fortalecida, a complexidade social geral aumentou, a urbanização e um incipiente processo de desencaixe individual e coletivo ocorreram. Isso significou que o terreno para uma nova situação paulatinamente emergiu, fazendo possível que o apelo do nacionalismo fosse mais largamente sentido. Conflitos militares entre os novos países mobilizaram a população e trouxeram o espectro da cidadania — sempre muito restrita — via a participação da população na guerra, conquanto a abertura do alistamento eleitoral à maioria da população fosse realizada somente no século XX. Conflitos militares e territoriais opuseram especialmente o Brasil e a Argentina, muito amiúde, assim como ambos, mais o Uruguai, ao Paraguai (país em que uma forma mais popular de governo e nacionalismo deitou raízes), na Guerra da Tríplice Aliança. O Chile, o Peru e o Equador também tiveram suas guerras por território, que ocorreram ainda entre o primeiro e a Argentina, ao passo que o México desde muito cedo teve parte de sua imensa massa de terra conquistada pelo seu vizinho ao norte. E ainda assim, em geral o nacionalismo manteve-se como um assunto das coletividades dominantes. A construção da nação se expandiu até incluir as classes populares em torno dos anos 1920. Além disso, uma vez que os estados não eram nem organizados nem fortes o bastante, não eram realmente capazes de fazer guerras massivas e sustentadas durante esse período, o que significou que o nacionalismo não encontrou uma conexão especialmente relevante nesta área da vida social (Centeno, 2002).

Durante as últimas duas décadas do século XIX, e as três primeiras do XX, uma crise se armou, encontrando soluções distintas. A modernidade foi em grande medida, embora em um tipo de desenvolvimento desigual, estabelecida no subcontinente. As demandas visavam aprofundá-la e com freqüência democratizar as condições sociais. Em todos os países, com mais ou menos sucesso, esses anos testemunharam a maré montante — conquanto nem sempre irresistível — das massas populares.

APROXIMAÇÕES À AMÉRICA LATINA

NACIONALISMO DE MASSA, DESENVOLVIMENTO E LIBERTAÇÃO NACIONAL

O avanço da modernidade, na economia e na vida social, teve efeitos que alcançaram o sistema político na maioria dos países latino-americanos. O México de certa maneira abre o século XX ao sul do Rio Grande com a primeira grande revolução desde a explosão francesa de 1789. O México havia sido governado por um sistema político forte e autoritário, embora legalmente enquadrado, liderado por Porfírio Díaz, que modernizou o país no último quarto do século XIX. Muitos interesses foram, contudo, alienados pelo regime, que também teve de encarar uma oposição crescente dos camponeses no norte e no sul. Em 1910, a revolução estourou, Díaz foi derrubado e um novo período começou para o México. Isso inclui, é claro, a conformação de uma nova nação, em que as massas populares, os camponeses e as classes trabalhadoras emergentes cumpririam um papel decisivo. O liberalismo e o próprio processo revolucionário, junto à evocação do "mestizo" (a "raça cósmica" tal qual proposta por José Vasconcelos, um importante intelectual mexicano), foi posta no núcleo da nova identidade mexicana. Ao passo que o liberalismo não era de fato muito relevante para a vida política e social do país, em que um estado autoritário, corporativo e intervencionista conduziu a vida social de forma avassaladora, por vezes em uma direção nacionalista e a favor de um desenvolvimento industrial autônomo, a participação das massas e os direitos foram postos como um pilar de legitimação do governo (Córdova, 1979; Hale, 1997; Aguilar Rivera, 2001, p. 203ss.).

A Argentina passou por um processo em muitos aspectos similar, embora diferenças importantes devam ser também, é claro, sublinhadas. A década de 1910 trouxe o sufrágio universal (conquanto interrompido por alguns golpes militares mais tarde) e a emergência das classes trabalhadoras. Se o México era de modo geral um país de raças misturadas, especialmente índios e descendentes de espanhóis, a Argentina urbana era principalmente um país de imigrantes (processo que efetivamente conformou ideologias que aspiravam por uma onda branca que melhorasse o estoque racial do país). Milhares de pessoas chegaram no começo do século à Argentina, vindas da Espanha e da Itália, bem como, em números muitos menores, de outros países. Um sistema educacional universal e laico cumpriu um papel-chave, sem paralelo em qualquer país do subcontinente, com a exceção talvez do Uruguai, na homogeneização dessa massa de gente em uma única identidade nacional. Isso implicava direitos sociais, trabalho estável e a alfabetização generalizada da população como a base de pertencimento à nação (Sarlo, 1999 e 2001). Todavia, as décadas de 1940 e 1950 testemunharam a emergência de uma situação inteiramente nova: a imigração foi reduzida e as massas do interior tornaram-se o núcleo da classe trabalhadora argentina. A identidade nacional sofreu uma torção nesse estágio, com a emergência do peronismo, que abandonou a perspectiva mais cosmopolita dos movimentos socialista e anarquista do período imigrante e assumiu também uma atitude "antiimperialista" mais marcada (Rock, 1987, caps. 6-8). Embora regularmente apeado do poder por golpes militares, o peronismo manteve-se em grande medida como um elemento crucial da identificação nacional na Argentina, fosse como um traço nacional geral positivo, ou assinalando uma interminável crise da construção nacional.

O Brasil passou por um processo bastante mais seletivo de incorporação das massas à nação. A década de 1930 caracterizou-se pelo surgimento de um estado forte, nacionalis-

APROXIMAÇÕES À AMÉRICA LATINA

ta no sentido de lutar pela autonomia no sistema internacional e no domínio econômico. Porém as massas rurais permaneceram excluídas da vida política e dos direitos sociais. A construção da identidade nacional foi a tarefa realizada nas décadas seguintes: em termos de uma raça misturada — cristalizada na idéia de "democracia racial" — na qual índios e negros desfrutavam do mesmo nível de reconhecimento que os brancos (decerto fenômeno mais imaginário que real e ainda que o *télos* de seu desenvolvimento implicasse no branqueamento da nação); e pela manutenção da unidade de país tão vasto do mesmo modo que a independência o fez, contra as perspectivas mais federalistas prevalecentes durante os anos da chamada República Velha (1898-1930). Esforços intelectuais de grande monta foram feitos nessa direção (Oliveira *et al.*, 1982; Ortiz, 1985 e 1988; Domingues, 1993). Os regimes democráticos e militares todos sustentaram esse projeto, conquanto suas relações com uma participação popular mais ativa e autônoma no processo obviamente variassem.

Outros países da região seguiram caminhos similares, conquanto com processos de modernização menos bem-sucedidos (cf. Venezuela, Colômbia etc.). Outros ainda enfrentaram muito mais problemas em termos da construção da nação, devido à profunda diferenciação da população e a dificuldade de resolver o "problema do índio". Esse foi o caso do Peru, da Bolívia, do Equador, de El Salvador e da Guatemala. O México enfrentou dificuldades similares, mas dentro de uma formação social mais complexa e ampla, e, dentro da revolução, foi mais bem-sucedido ao lidar com a questão.[2] A fragmentação cultural e política foram atacadas

---

[2] Para informação histórica, ver Applebaum, Macpherson e Rosemblatt, 2003.

amiúde por meio da tentativa, por vezes de inspiração marxista, de tratar o problema não em termos étnicos, mas antes como questões de classe e agrária (ver Mariátegui, 1928). Isso realmente funcionou em grande medida. Como a incorporação das massas de "camponeses" à nação se atrasou, a década de 1970 começou a assistir a uma nova onda de mobilização étnica que reverteria as expectativas de tal tratamento da questão.

Na maioria desses países, regimes "nacional-populares" se puseram no núcleo mais íntimo da construção nacional: eles visaram internamente os compromissos de classe, assim como, no plano externo, certa acomodação, embora o desenvolvimento fosse sua meta assumida (Touraine, 1988, parte III). Nem totalmente acima e separado dela, nem simplesmente a serviço da "sociedade civil", antes porém entretecido com ela, o estado nacional-popular foi crucial nos arranjos nacionalistas desse período. Ele tentou estender, com alcance e sucesso variados, a cidadania às classes populares. Também o desenvolvimento econômico — o "desenvolvimentismo" —, de modo a liberá-los ou reduzir a dependência e a heteronomia vis-à-vis os centros capitalistas, sempre cintilou no horizonte (Cardoso e Faletto, 1970).[3] A necessidade de forjar uma identidade nacional sintética, mediante uma seleção de traços culturais, que exprimiria a "essência" do mexicano, do brasileiro, do peruano etc., ou inclusive do "latino-americano", bem

---

[3] A criação, em 1948, da Cepal desempenhou papel extremamente importante nesse sentido, abrindo espaço para um pensamento econômico independente que combinou o keynesianismo e uma abordagem "estrutural" com o objetivo político de gerar condições para um desenvolvimento econômico e social autônomo no subcontinente. A teoria da dependência foi um de seus principais rebentos à esquerda.

como divisar e implementar políticas capazes de integrar e autonomizar as nações refundadas, levou os intelectuais de uma forma ou de outra a juntarem-se em torno aos estados nacional-populares (Domingues, 1992). Nesse sentido, há grandes similitudes entre a América do Sul e Central, por um lado, e os casos europeus, por outro. Mas embora houvesse de fato perspectivas e movimentos nacionalistas, expansionistas e chauvinistas de direita (Oddone, 1986; Rock, 1993), a maior parte da energia do nacionalismo foi empregada de maneiras mais benignas através da região, ao contrário do que muitíssimas vezes ocorreu no velho continente: as massas populares "latino"-americanas raramente emprestaram seu apoio a movimentos fascistas e chauvinistas. Em vez disso, a emancipação nacional e o desenvolvimento têm sido muito mais populares.

Por outro lado, os movimentos de libertação nacional têm sido igualmente raros, concentraram-se na América Central (El Salvador, Guatemala, Nicarágua) e ganharam força sobretudo dos anos 1970 em diante (Touraine, 1988, p. 331ss.). Não foram eficientes no longo prazo. Cuba é nesse sentido obviamente um caso especial. Poderia ter seguido a mesma rota de Porto Rico, e, alcançando sua independência da Espanha somente na virada do século XIX para o XX, ter se tornado uma colônia ou mesmo um protetorado associado aos Estados Unidos. As lutas sociais e um programa antiimperialista tornaram-se fortemente interligados na Revolução Cubana de 1959-60 em diante e crescentemente dirigidos não apenas contra o sistema político interno, mas também contra os Estados Unidos. Essa ruptura com os regimes e projetos nacional-populares foi atingida somente em Cuba de forma sustentada e forneceu o núcleo duro da identidade do país na segunda metade do século XX (Vilar, 1971; Touraine, 1988, p. 347-58). A esquerda, contudo, oscilou estrategicamente durante o século XX entre alianças com aqueles regimes e um confronto mais direto e aberto com o "imperialismo", embora o elo entre luta social, construção da nação e autonomização nacional e desenvolvimento possa ser consistentemente encontrado em seus programas (Castañeda, 1993).

Algumas conclusões conceituais podem ser derivadas desta breve exposição da fortuna do nacionalismo das Américas do Sul e Central no século XX. As nações nunca foram fundadas de modo já dado. A rigor, isso nunca foi o caso em canto algum, mas nesta região isso foi ainda mais pronunciado. Contou-se com numerosas populações pré-colombianas; milhões de escravos negros foram trazidos para essa área; a migração européia, de várias regiões e em ondas sucessivas, cumpriu papel altamente proeminente, e a miscigenação, a despeito da praga profundamente sedimentada do racismo, foi muito ampla. Em conjunto, isso demandou, após haverem evaporado os sonhos dos círculos dirigentes do século XIX de criar nações brancas, um enorme esforço de integração e homogeneização. Exceto no que tange às populações pré-colombianas, especialmente nos Andes e nos países da América Central, linguagens comuns, o português e o espanhol, facilitaram tremendamente o processo, que todavia necessitou da dedicação dos intelectuais, de burocratas e de liderança política para ser alcançado. A construção nacional buscada e lograda em grau variado por um estado, que parece haver herdado a perspectiva neotomista integrativa do estado colonial, foi o resultado antes que o ponto de partida do processo. Hierarquias de raça e de classe entretanto perduraram, de forma simultaneamente ambígua e onipresente, com os brancos e a cultura branca no topo, e freqüentemente sustentando-se uma visão geral de embranquecimento da população, racial e culturalmente (Wade, 2001).

As ditaduras militares em certa medida interromperam esse processo. Antipopulares e antinacional-populares (Touraine, 1988, p. 367-93), elas pensaram a nação de forma muito mais geopolítica. Seu extremo anticomunismo, suas perspectivas em geral chauvinistas (também dentro do contexto sul-americano), sua aliança com os Estados Unidos contra a União Soviética e seus "aliados internos", cristalizaram-se nas Doutrinas de Segurança Nacional, de acordo com as quais o inimigo interno — uma quinta-coluna — devia ser combatido no curso de uma situação de guerra total (Comblin, 1977). Mas isso nunca foi capaz de cumprir um papel integrativo. No máximo funcionou para congelar e deter os processos de mobilização social que todavia vieram à tona seguidamente no subcontinente. Ademais, um argumento sobre o nacionalismo em seu aspecto relacional pode ser avançado, o qual distingue as Américas do Sul e Central da Europa. É verdade que seus exércitos têm sido baseados no alistamento obrigatório (uma condição para a cidadania na América) e que guerras eclodiram em vários momentos no continente, por vezes cumprindo um papel na construção da nação (Argentina *versus* Chile ou Paraguai ou Brasil, Brasil *versus* Paraguai e a ameaça eterna da Argentina, Chile *versus* Bolívia, Peru *versus* Equador, assim como México *versus* Estados Unidos e também os franceses, que ocuparam o país e deram suporte ao Império Napoleônico de Maximiliano, derrotado em 1867.) A mobilização militar e a participação no exército não têm sido, particularmente, elementos importantes na definição do pertencimento individual à nação, talvez porque, enquanto no século XIX os exércitos não incorporaram as classes populares após as independências, no século XX eles foram utilizados exatamente contra a mobilização popular pelos direitos e pela democracia.

Em contrapartida, a cidadania de forma ampla tem desempenhado, como alhures, um papel importante como uma resposta à mobilização social.[4] A franquia eleitoral e os direitos sociais não alcançaram por todas as partes o conjunto da população. Mas mesmo onde não o fizeram, permaneceram como meta individual e coletiva: pertencer à nação era em última instância ser capaz de desfrutar desses direitos. "Abstrações reais", como necessariamente o são (porquanto consistem em atributos universais abstratos de indivíduos e ao mesmo tempo organizam instituições-chave da vida social), esses direitos foram entretecidos com os aspectos concretos de nações em larga medida criadas por esses estados. Essa mescla de identidades individuais e coletivas mais abstratas e concretas, na qual direitos e nação se fundem, e é

---

[4]Vale aqui mencionar uma das mais influentes interpretações da modernização da América "Latina". Ao analisar a emergência dos regimes nacional-populares, ou o "populismo", Germani (1965, p. 92-5, 136-43, 157, 161-2 e 245) usa idéias funcionalistas para afirmar o papel do nacionalismo na integração, por meio de valores comuns, à sociedade: a transferência de lealdades da comunidade à nação enraíza-se na expansão da cidadania e na participação plena. Todavia, as massas, vindo de um pano de fundo tradicional e disponível para a manipulação das elites populistas, devido à resistência das oligarquias tradicionais à democratização, combinada à demanda de liberdade como um *ersatz* de participação e nacionalismo autoritário. É claro, não são supostos aqui nem o funcionalismo e sua noção de integração, nem tal compreensão dos regimes nacional-populares, embora Germani tenha realmente tido algumas intuições cruciais.

typica da segunda fase da modernidade (organizada pelo estado) (Domingues, 2002a, caps. 3-4 e 8-9), foi, como necessariamente é, combinada com um padrão relacional particular. Como coletividades, as nações das Américas do Sul e Central têm lutado consistentemente por sua inclusão no sistema internacional em uma situação de menos dependência do que têm efetivamente desfrutado. Pouco disso tem sido alcançado. Os processos de desencaixe e reencaixe que caracterizam a modernidade e ocorreram através de todas as Américas encontraram aqui uma forma particular, muito além de seu escopo limitado no século XIX e dos contornos peculiares, liberais e agrários, da primeira fase da modernidade naqueles países pouco desenvolvidos. Agora como cidadãos e membros de nações alargadas, desfrutando de direitos e de uma identidade inclusiva, brasileiros, uruguaios, mexicanos, peruanos, bolivianos ainda se viam como subordinados a poderes estrangeiros nos sistemas internacionais, embora já não mais subordinados a uma situação colonial. Isso perdurou como um problema, exceto para aquelas frações das coletividades dominantes que lucravam com a situação.

O ENCOLHIMENTO DO ESTADO, PLURALISMO SOCIAL E IDENTIDADE NACIONAL

As três últimas décadas do século XX se caracterizaram nas Américas do Sul e Central por uma crise que foi tão violenta aí quanto em outras partes do mundo. O capitalismo passou por uma crise radical, e o keynesianismo teve as suas fundações contestadas. Isso significou uma crise brutal para as políticas de desenvolvimento baseadas no estado, que foram particularmente importantes no período anterior. Não quero entrar aqui no debate sobre se as classes e identidades de classe têm sido ou não menos relevantes neste contexto continental que na Europa. Fato é, contudo, que as organizações operárias e os movimentos nacional-populares de algum modo a elas ligados foram também atingidos pela crise dos anos 1970. Isto foi ainda mais profundamente sentido com a derrocada da União Soviética e das sociedades de socialismo real do leste europeu. Os projetos e identidades de classe operária aparentemente perderam muito de sua plausibilidade e viabilidade em todo o mundo e em particular nessa região. Entrementes o capitalismo começou a se recuperar. Novas tecnologias e um papel mais proeminente para as redes como mecanismo de coordenação implicaram novos arranjos entre estado, mercado e outras organizações. A complexidade social, a divisão social do trabalho, o pluralismo em todas as esferas da vida deram largos passos. A globalização pôs enorme pressão sobre o estado nacional. Como resposta aplicada em especial às Américas do Sul e Central, o neoliberalismo e políticas econômicas sensatas foram introduzidas, junto a uma abrangente redefinição do papel do estado, que foi reduzido, ao menos em algumas áreas cruciais. Isto não poderia deixar de afetar as sociedades nacionais que haviam tido no estado um fator-chave para sua organização.

Em outras palavras, uma nova fase, a terceira, de *articulação mista*, começou nas Américas do Sul e Central, embora aparentemente enfrentando muito mais dificuldades para achar caminhos viáveis e alternativas de desenvolvimento para a região do que tem sido o caso, por exemplo, da Ásia ou dos Estados Unidos e de certas áreas da Europa.[5] Como o nacionalismo e as nações aparecem nesta nova situação?

Um certo número de questões deve ser assinalado aqui. A primeira aponta para a emergência do pluralismo social, derivado da maior complexidade da vida social — sua heterogeneidade — assim como da incapacidade das identidades nacionais e de classe para fazer o truque de gerar solidariedades e coletividades subjetivas inclusivas e coesionadoras. A transição de regimes autoritários para democráticos tem acompanhado essas mudanças sociais e econômicas. A segunda questão é obviamente o impacto da globalização aprofundada sobre o estado-nação e as identidades nacionais. A combinação desses dois fatores nos leva a um terceiro problema: a emergência de identidades étnicas e raciais que tendem a romper com o padrão de construção da nação mediante a homogeneização da sociedade e da cultura, incluindo por vezes elos com movimentos e identidades transnacionais. Finalmente, a

---

[5] Em vez de negar qualquer mudança relevante ou falar de algo como pós-modernismo ou sociedade de rede, em outra ocasião avancei o conceito de terceira fase da modernidade, ligando-o a uma combinação mais complexa de mecanismos de coordenação (mercado, hierarquia e rede). Após sua primeira fase, basicamente liberal, e a segunda, organizada pelo Estado — e a subseqüente crise dos anos 1970 —, a modernidade encontrou novos caminhos para se desdobrar. O subcontinente não é decerto a área mais avançada em termos do desenvolvimento desta terceira fase. Portanto, sofre de seu atraso nesse sentido, uma vez que padrões anteriores não são mais eficientes em termos de coordenação social e desenvolvimento. Problemas, antes que soluções, acossam esses países, que sofrem também o impacto de processos que ganharam impulso amiúde em outras regiões. A modernidade tem sido caracterizada de modo geral por um processo desigual de desenvolvimento, embora um padrão muito mais amplo, implicando na anteriormente mencionada terceira fase da modernidade, possa ser hoje identificado. Ver Domingues, 2002a, especialmente cap. 8. Em termos nacionais e étnicos suas conseqüências não têm sido tão dramaticamente nocivas aqui como em países da África ou Europa oriental.

aparição de blocos econômicos, especialmente o Mercosul, a integração do México através do Tratado da América do Norte de Livre Comércio (Tlcan) e, mais recentemente, o debate em torno da Área de Livre Comércio das Américas (Alca) implicam em novos temas e papéis para o estado e as identidades nacionais perante a globalização crescente. Mais adiante comentarei acerca de alguns países de relevância particular e que podem ajudar a ilustrar esses processos mais gerais.

De modo geral, conquanto a crise do desenvolvimento tenha sido profundamente sentida através do subcontinente, os processos que se desdobraram de 1920 em diante, com diferentes cronologias e ritmos em países distintos, puseram as Américas do Sul e Central decisivamente dentro das fronteiras da modernidade, é claro, com traços específicos, como de resto em qualquer lugar. Como vimos, os processos de desencaixe estiveram intimamente vinculados a esse desdobramento, com as coletividades dominantes lidando com eles mediante o esforço de construir identidades nacionais coesivas. O estado foi instrumental nesse sentido. O sucesso de tais desenvolvimentos enfim encontrou seus limites em uma sociedade liberta em larga medida de formas de dominação pessoal, nas quais as pessoas então desfrutam de possibilidades abertas para escolher quem são, a despeito da profunda estratificação social e os recursos desiguais que cada classe, gênero e grupo racial ou étnico tem à sua disposição para operar essas escolhas.[6] A crise das identidades de classe operária, fortemente sentida no mundo como um todo, e a derrota do socialismo como projeto, especialmente após a crise terminal do socia-

---

[6]Decerto o clientelismo e o corporativismo são importantes elementos da nova situação social e política. Devem ser vistos como traços modernos dessas sociedades antes que como a sobrevivência de formas antigas de prática política.

APROXIMAÇÕES À AMÉRICA LATINA

lismo soviético e, inclusive, das esperanças entretidas vis-à-vis a revolução cubana, tornaram esta abertura das identidades sociais mais aguda. Mercados de trabalho informais e um processo teoricamente controverso de mutação de classe adicionaram mais um elemento a essa crise. Para as nações e o nacionalismo a principal conseqüência dessa combinação de circunstâncias foi o enfraquecimento das possibilidades de uma continuação dos movimentos e regimes nacional-populares. A heterogeneidade resultante da mudança social não possibilita a construção tão avassaladora da nação (García Canclini, 1989).

A transição democrática, deixando para trás as ditaduras militares (ou regimes autoritários como o estado mexicano pós-revolucionário) a um tempo contribuiu para esse processo de pluralização e ajudou a superar a possível fragmentação que ela pode engendrar (Touraine, 1988, parte V). Permitindo que os interesses se expressem mais livremente em uma esfera pública renovada, em certa medida proveu um mecanismo de integração social. Por outro lado, essa abertura deu espaço à articulação divergente de interesses e identidades. Identidades raciais — especialmente negras — e étnicas — sobretudo aquelas de descendentes de largas populações pré-colombianas, por exemplo maias ou quéchua e aimara, entre outras —, e o pluralismo religioso — com a expansão do protestantismo e de seitas esotéricas, ao lado do catolicismo e religiões negras e indígenas —, além de uma percepção geral simples das pessoas como pobres: estes parecem ser os principais eixos de identificação mais recentemente. A cidadania tornou-se mais uma vez um elemento central na construção da identidade nacional; ou ao menos a demanda de direitos — civis, políticos e sociais — tem se posto no núcleo da política nacional democrática. Uma *luta pelo reconhecimento*, que incluiu direitos, mas também a estima devida a formas particulares de vida (cf. Honneth, 1992), é igualmente evidente nesta tendência. Uma resposta a essas demandas tem se provado mais difícil que o esperado, porém, em um continente com os mais altos níveis de desigualdade em todo o mundo. Problemas internos, de classe, culturais, e a resistência política têm sido responsáveis pela lentíssima resposta às demandas por reconhecimento e cidadania. A maneira pela qual a globalização tocou o subcontinente, contudo, vem decisivamente contribuindo para essa dificuldade, gerando repetidas crises nas Américas do Sul e Central, porquanto os sistemas políticos nacionais não podem responder adequadamente às populações, mercê das tensões que lhes são superimpostas pelo sistema financeiro e organismos como o Fundo Monetário Internacional (FMI) e o Banco Mundial. A dependência permanece assim uma questão central, em uma situação alterada, na qual as alternativas parecem escassas, embora o tempo e os constrangimentos sociais se mostrem mais severos que nunca graças à mera institucionalização dos regimes democráticos, que correm todavia o risco de se desmoralizar. Em vista disso, o aspecto relacional do nacionalismo pode reemergir em termos de tentativas de corrigir essa subordinação aos mercados financeiros globais e aplicar políticas desenvolvimentistas, com a esperança de redirecionar o ajuste desses países aos requerimentos da terceira fase da modernidade (ver Haggard e Kaufman, 1992).[7]

Os processos econômicos de integração se têm movido *pari passu* com outras mudanças. O Mercosul, congregando o

---

[7]Uma questão a mais é a presença militar expansiva dos Estados Unidos, sobretudo na América Central, na região andina e em relação à Colômbia. Ver Herz, 2002.

Brasil, a Argentina, o Uruguai e o Paraguai, embora passando por crises periódicas, responde por quase metade do comércio dos dois parceiros principais na organização. Até agora ele permanece, contudo, com um empreendimento meramente comercial — em especial a integração política e social, incluindo a questão da identidade, mantém-se atrasada. O Pacto Andino e outros tratados regionais são economicamente mais fracos, conquanto também acordos entre eles e o Mercosul tenham contribuído para aproximar da realidade o sonho de muitos intelectuais "latino-americanos" — a criação de um só país ou ao menos uma forte aliança entre os países da América do Sul e Central (Sierra, 2001; Domingues, 1992). A inclusão do México no Tlcan funciona como um contrabalanço ao projeto de integração continental, uma vez que representa a hegemonia dos Estados Unidos sobre a economia mexicana e possivelmente seus processos políticos (García Canclini, 1996b). A Alca seria um passo adiante nessa direção problemática, abrindo os mercados da América do Sul e Central ao impacto da economia e das finanças dos Estados Unidos, embora interesses protecionistas neste último país, assim como as resistência e estratégia brasileiras e argentinas, tenham obscurecido as perspectivas de um rápido processo de integração.[8]

Entre os países que durante o século XX desfrutaram de processos de desenvolvimento mais bem-sucedidos, a situação mais dramática é a da Argentina. País muito rico de acordo com qualquer padrão internacional, a última década do século XX forneceu o cenário para sua talvez mais profunda

---

[8]Pioneiro na prática do neoliberalismo no subcontinente desde os dias da ditadura de Pinochet, o Chile há muito vinculou sua economia aos Estados Unidos.

crise. A noção original de identidade foi revertida e inclui agora um cambaleante sistema público educacional, desemprego e agudas desigualdades. Não há mais uma forte classe operária, relativamente homogênea, que foi a base do apoio de Perón, em especial quando se leva a juventude em conta. A paridade do peso com o dólar, bizarramente consagrada na Constituição por Menen, algo que supostamente significaria a definitiva integração do país no chamado "primeiro mundo", provou ser a gota d'água na *débâcle* nacional, que culminou na derrubada do presidente De la Rua após massivas demonstrações de rua. Por certo tempo foi como se a Argentina não tivesse futuro possível e estivesse condenada a afundar na pobreza e na vergonha (Sarlo, 2001). Por um lado, essa parece haver sido uma crise preparada há muito tempo e que dependia da posição do país na nova fase da modernidade, para além das exportações agrárias, da indústria leve e de um estado do bem-estar que tal equação proporcionava. Por outro lado, as tensões geradas pelas políticas do FMI e as demandas da especulação financeira precipitaram e aprofundaram terrivelmente a crise. O Mercosul e a integração com a economia brasileira são agora percebidos como um elemento-chave da recuperação nacional, mas também como meio de reinserir a Argentina na América "Latina" e ajudar a recuperar um projeto nacional e a auto-estima da nação.

O Brasil, por outro lado, consolidou os aspectos eleitorais de sua democracia. Porém, sendo uma sociedade bastante plural, suas instituições e a falta de um projeto nacional não têm sido capazes de lidar com a emergência de agentes mais livres e integrá-los em uma solidariedade diuturna básica. A disseminação da violência é o resultado dessas limitações. É-lhe antagônica, mas consiste também em um aspecto da identidade nacional. Embora formalmente disponível e politica-

APROXIMAÇÕES À AMÉRICA LATINA

mente relevante, a cidadania tem na prática ficado aquém do respeito pelos direitos civis e sociais. A violência resulta dessa falta de mecanismos integrativos e da percepção de pertencer à comunidade nacional (Domingues, 2002b). O projeto de tornar-se um país líder no continente foi fortemente retomado por diversos governos, com o Mercosul consistindo em um de seus principais instrumentos, conquanto a tensão gerada pela dependência em relação aos mercados financeiros globais e às políticas do FMI permaneçam um elemento limitador no desenvolvimento de uma identidade nacional democrática e inclusiva, significando, pois, um problema no que tange a formas contemporâneas de integração social do país. Processo relativamente independente e particularmente interessante, vinculado de modo estreito aos mecanismos de desencaixe e reencaixe, é a reemergência da questão racial, que gira em torno às desigualdades e discriminações sofridas pela grande população brasileira de descendência africana. A noção de "democracia racial" tem estado sob forte ataque do movimento negro (que tende a adotar a divisão norte-americana entre brancos e negros, contra a "falsa consciência" supostamente inerente à apologia da miscigenação), ao passo que identidades negras plurais se multiplicam, sem contudo entrarem em conflito com a perspectiva de integração, via mercado e cidadania, em uma nação mais igualitária. Isso se conecta de maneiras distintas com a localização peculiar do Brasil na ampla noção de "Atlântico Negro", implicando elos, formais ou não, com tendências políticas e culturais gerais que atravessam aquele oceano articulando a África, as Américas e a Europa em uma subjetividade coletiva transnacional descentrada (Sansone, 2003).

Em compensação, havendo enfim iniciado, desde os anos 1990, a democratização de seu sistema pós-revolucionário, na prática de partido único, e aceitando portanto lidar com uma sociedade cada vez mais heterogênea, o México tem enfrentado sua integração no espaço econômico norte-americano. Isso tem tido um enorme e inevitável impacto na identidade nacional e no projeto da nação, enquanto, ao mesmo tempo, o tecido social vai se tornando muito mais plural, especialmente no que se refere à noção englobante de "mestizo", que, embora vise sublinhar o papel dos povos indígenas na construção da nação, negou-lhes autonomia e direitos especiais. Até agora muito se tem logrado no que toca aos processos econômicos, conquanto não seja claro que tipo de influência os Estados Unidos desfrutarão culturalmente, e ainda menos como isso ocorrerá na direção contrária (García Canclini, 1996b e 1999; Aguilar Rivera, 2001). Um resultado dessas mudanças de face dupla, de largo alcance, tem sido a emergência da etnicidade e especialmente de um movimento camponês com forte base étnica na região extremamente pobre de Chiapas, outrora o palco da luta original de Emiliano Zapata na Revolução Mexicana. Batendo-se pelos direitos das minorias indígenas e contra a interação econômica com os Estados Unidos, o movimento vem denunciando com tenacidade o neoliberalismo e retomou as táticas de guerrilha que pareciam absolutamente defuntas no subcontinente.[9] Se tem fortes raízes e ressonância interna, esse novo tipo de zapatismo tem sido capaz de mobilizar forte suporte externo, configurando-se em certa medida como um movimento verdadeiramente global (Johnston e Laxers, 2003).

Se no México já se pode detectar a presença do que os especialistas vêm chamando de "quarta onda" de mobilização

---

[9]Com exceção da Colômbia, onde a dominação oligárquica, a pobreza dos camponeses e as plantações de coca têm dilacerado o país.

APROXIMAÇÕES À AMÉRICA LATINA

indígena no subcontinente (Trejo, 2000), na Bolívia e no Equador isso tem assumido contornos dramáticos. Enquanto uma identidade camponesa de *classe* por certo tempo foi capaz de enquadrar a mobilização política dessas comunidades indígenas, um feixe de fatores alterou a resposta identitária que esses camponeses modernizados encontraram para sua situação brutalmente desfavorecida: a retirada do estado, sob os ditames do neoliberalismo, do suporte regular à pequena agricultura, assim como à agricultura comunal, a revisão da propriedade do ejido (de direito comunitário) — no México — da mesma forma que a ação de grupos protestantes e católicos influenciados pela Teologia da Libertação na região dos Andes, incluindo o ensino das línguas antigas nas escolas. As redes anteriores do corporativismo estatal e outras de cunho religioso parecem haver sido usadas e facilitado as articulações dessa nova liderança indígena.

A Bolívia é um caso interessante que ajuda a evidenciar os problemas jamais resolvidos de integração que afligem aquelas sociedades com numerosas populações pré-colombianas, cujos direitos e especificidades têm sido constantemente desconsiderados desde a independência na construção das identidades e políticas nacionais, o que se combinou com a presença nociva das políticas neoliberais do FMI de restrição financeira e privatização. Em uma situação de crise dos outrora poderosos mineiros e de tentativas de privatizar inclusive a provisão de água por um governo já fraco e instável, uma aliança formada por índios-camponeses, produtores de coca e pobres urbanos, que rejeita a forma tradicional de partido político, embora conte com outras estruturas de mobilização, depôs sucessivos governos e realizou uma semi-revolução com importantes conseqüências simbólicas na América "Indígena": pela primeira vez uma liderança étnica autônoma fora capaz de dar as cartas no jogo político, embora não seja claro se o impulso do movimento será mantido (Solón *et al.*, 2003).[10]

Finalmente, Cuba, a estrela mais brilhante na constelação de nacionalismos e movimentos de libertação nacional em todo o subcontinente, vem passando por uma transição ideológica e cultural muito tensa. A modernidade avançada, especialmente durante a crise que precedeu a sua terceira fase, viu a emergência de nacionalismos irredentistas ou secessionistas que ofereceram grandes narrativas para substituir em particular projetos e identidades socialistas desaparecidos (Delanty e O'Mahony, 2002, p. 126-8). Mas aquela crise forneceu também a ocasião para a disseminação do pós-modernismo e seu desafio e desconfiança das grandes narrativas (não obstante ser ele próprio também parte dessa constelação). Cuba é um país onde a crise procrastinada do socialismo realmente existente não foi superada. O nacionalismo, uma idéia moderna em si e por outro lado estreitamente vinculada à Revolução Cubana e ao regime que dela derivou, pode ter sido em certa medida engolfado por aquela crise e tem agora que competir em uma "sopa de signos". Este é um problema que não tem como não afligir, se bem que não exclusivamente, de forma aguda, os intelectuais, para quem a questão tem sido crucial desde os dias do poeta nacional e herói José Martí (morto na guerra de independência contra a Espanha e um dos primeiros a denunciar as intenções imperialistas dos Estados Unidos ante "nossa América") (Davies, 2000). O que isso significa para um país cuja economia vem cambaleando desde que a União Soviética desapareceu e vive seu dia-a-dia sob a pressão brutal do governo dos Estados Unidos é algo que ainda se verá.

---

[10]Em Burt e Mauceri (2004) se encontra uma interessante comparação entre os países andinos (Bolívia, Peru e Equador), em particular no que tange à questão étnica hoje.

CONCLUSÃO

O nacionalismo é um fenômeno curioso, que a sociologia não tem explicado com facilidade ou sequer descrito de forma pacífica. Como meio de criar identidades e encaixar as pessoas em relações modernas, ele tem sido muito efetivo. Várias coletividades culturais e políticas têm se envolvido, de maneira mais sincera ou instrumental, com o nacionalismo também como um meio de gerar legitimidade para o estado e encontrar uma posição adequada para suas nações no sistema global no qual desde o início elas se viram postas. Os aspectos internos e relacionais do nacionalismo obviamente variam, embora elas sempre compartilhem essa problemática mais abstrata.

As colônias espanholas e portuguesas do Novo Mundo estiveram na linha de frente da construção das nações nos inícios da modernidade. Apenas paulatinamente, contudo, operou-se a incorporação e integração de massas bastante heterogêneas nos países que emergiram das independências. A cidadania em particular tem cumprido um papel importante nesse sentido, a despeito ou inclusive devido a dificuldades em sua implementação. Havendo se libertado de seus senhores coloniais originais, essas nações se viram em um mundo no qual sua posição era subordinada a poderes estrangeiros que desfrutavam de supremacia no mercado capitalista global e de superioridade militar. Eles tentaram, contra círculos internos que lucravam com essa situação, superar essa posição desconfortável. Os aspectos internos e relacionais do nacionalismo durante as primeira e segunda fases da modernidade mantêm portanto um considerável grau de continuidade nas Américas do Sul e Central. Esses países começam o século XXI encarando problemas similares, embora a terceira fase da modernidade imponha novos dilemas e demande soluções criativas, algumas das quais não se apresentaram ainda. Até certo ponto, o futuro do subcontinente depende de como esses novos problemas e soluções serão enfim enfrentados.

CAPÍTULO 5 **Responsabilidade ambiental e esfera pública na América Latina*** (com Andrea Coutinho Pontual)

---

*Publicado em Séamus Ó Tuama (org.), *Critical Turns in Critical Theory: New Directions in Social and Political Thought*, Londres e Nova York, IB Tauris, 2007.

INTRODUÇÃO

A responsabilidade vem se tornando um tópico proeminente na política e na cultura mundiais, destacando-se, nesse sentido, a questão do meio ambiente. Isto é verdade discursivamente — a responsabilidade influenciando também as lutas sociais, a construção de instituições, a elaboração e a implementação de políticas públicas. A América Latina tem sido partícipe fundamental nesse processo há muitos anos, conquanto a literatura sobre o tema seja fragmentária e faltem tanto boas generalizações empíricas quanto discussões conceituais. Nosso objetivo é contribuir para superar essas limitações.

Primeiramente, apresentaremos nossa perspectiva conceitual da responsabilidade e da esfera pública. Em seguida, aplicaremos esses construtos a uma compreensão da questão ambiental na América Latina. Os problemas da região no que concerne à responsabilidade serão discutidos na última parte do texto.

DUAS QUESTÕES CONCEITUAIS

Responsabilidade ambiental

A responsabilidade tem sido um tópico permanente no pensamento social da modernidade. Seu significado tem mudado ao longo do tempo e se destacado nas últimas décadas. No pensamento liberal, a responsabilidade vinculava-se quase que exclusivamente ao indivíduo, que, sozinho, era responsável por suas ações e seu destino. Ao estado cabia aplicar a lei, garantir a liberdade, a segurança, e manter a paz. Posteriormente, a responsabilidade foi transferida ao estado com muito mais força que antes, como parte de seu crescente papel na ordenação da sociedade e do bem-estar social. O primeiro significado da responsabilidade está associado à primeira fase da modernidade; o segundo, à segunda, organizada pelo estado. Desde então, a responsabilidade se converteu em uma questão que tende a permear todo o discurso social, sem que a visão moderna da dominação e da exploração ilimitada da natureza se alterasse nesse período. Strydom (1999 e 2000) localiza inclusive três eras do discurso na modernidade: a do discurso dos direitos, a do discurso da justiça e, finalmente, a atual, a do discurso da responsabilidade. Isso está estreitamente relacionado com o fato de que cada vez mais vivemos em uma "sociedade do risco", devido à generalização dos efeitos não intencionais gerados pelo que um dia se supôs ser a perfeita dominação da natureza (Beck, 1986; Strydom, 2002, p. 128-30). Isso corresponde e caracteriza parcialmente a terceira fase da modernidade, marcada por extrema complexidade, pluralização de temas e agentes nas esferas privada e pública (Domingues, 2002a).

Nesse contexto, a "responsabilidade coletiva" tornou-se uma questão na filosofia de Jonas (1979), na qual a natureza aparecia como ameaçada pela pulsão prometeica da modernidade. Sua obra, contudo, não evidenciava inclinações democráticas. Apel (1988) mudou a abordagem do tópico, introduzindo uma perspectiva radicalmente democrática vis-à-vis a responsabilidade, na qual coletividades intermediárias teriam papel central a cumprir. Questões ambientais permaneciam no centro de sua reflexão. Todavia, ele sublinhou a necessidade de crescimento econômico contínuo, rejeitando qualquer perspectiva neomalthusiana.

O elo entre responsabilidade e risco foi construído com o surgimento do discurso ambientalista no fim dos anos 1960 e início dos 1970. Daí em diante, a responsabilidade ambiental espraiou seus ideais para todos os setores da sociedade. Esse conceito e as idéias por trás dele evoluíram com o correr do tempo, articulando-se na política e em políticas públicas, em identidades sociais, profissões e esferas públicas. O discurso internacional sobre o tema pode ilustrar essa evolução. O documento *Limites do crescimento*, de 1972, sugeria uma possível estabilidade, em uma solução de "crescimento zero", posição que se mostrou insustentável, pois restringiria o desenvolvimento dos países do "Terceiro Mundo". Uma fenda logo apareceu entre o "Sul" e o "Norte" em relação ao peso a ser dado à questão ambiental. Essa discussão se deu no contexto da responsabilidade estatal da natureza e dos recursos naturais. Os países do "Terceiro Mundo", especialmente os da América Latina, foram fundamentais em uma mudança de perspectiva realizada pela Comissão Mundial de Meio Ambiente de 1982 — a Comissão Brudtland. A noção de "desenvolvimento sustentável" assim emergiu, buscando equilibrar ambos os lados da equação: o meio ambiente e a economia. Muito se deixou, porém, para resolver, no sentido de transformar o conceito em ações efetivas. Esse foi um dos principais temas discutidos na Conferência de 1992 das Nações

Unidas no Rio de Janeiro — a Eco 92. A conferência trouxe o termo "desenvolvimento sustentável" para o centro da discussão e produziu o documento de políticas públicas, a *Agenda 21*. Não obstante esses esforços, a vagueza do conceito de sustentabilidade persistiu, afetando seu impacto em debates públicos e levando à sua paulatina institucionalização (Nobre *et al.*, 2002; MacDonald e Nielson, 1997, p. 274-5). Pode-se inclusive argumentar que a centralidade do discurso ambiental como o novo "quadro discursivo" da modernidade e a sua institucionalização talvez hajam ocorrido em detrimento do movimento ambientalista e de mudanças mais profundas na relação entre a sociedade e a natureza (Eder, 1996, parte III).

A *esfera pública*

A principal discussão sobre a esfera pública no século XX funda-se nos esforços repetidos de Habermas (1962, 1981 e 1992) para pô-la no cerne da teoria crítica. Ele foi sempre enfático na definição da esfera pública como um espaço de *argumento racional* e de *construção do consenso*. O *conflito* tem sido, na melhor das hipóteses, um problema para sua abordagem, embora ele tenha chegado a aceitar compromissos como um resultado possível dos debates públicos.[1] Em contrapartida,

---

[1]Habermas (1992, especialmente cap. 8) tornou seu conceito de esfera pública mais complexo. Ele introduziu outros elementos, tais como o caráter "mais ou menos discursivo dos debates", as noções de "centro" e "periferia" políticos, "poder social", "sociedade civil" e "influência", bem como reconheceu a presença usual dos meios de comunicação de massa e uma dimensão política específica — qual seja, o parlamento — em sua constituição. Mas enquanto este último é atravessado pela "ação instrumental", deve ser visto como um lugar onde o núcleo da esfera pública independente "ressoa". E o que constitui esse núcleo são, afinal, sua "estrutura comunicativa" e seus laços com o "mundo da vida", definidos sobretudo em termos normativos.

APROXIMAÇÕES À AMÉRICA LATINA

Eder (1986) pôs em relevo a resolução de conflitos como produtora de novos "processos coletivos de aprendizado" em sua explicação do *Sondernweg* alemão e da transição para a modernidade. Em sua análise do conceito de esfera pública, embora um tanto crítico da posição normativa e contrafactual de Habermas, Eder (2005) abandona seu fecundo ponto original sobre os conflitos. Outros autores têm argumentado contra vários aspectos da teoria de Habermas: uma perspectiva muito mais descentralizada e pluralista da esfera pública derivou disso (ver Avritzer e Costa, 2005). Outros têm apontado, na seqüência da crise do neocorporativismo na Europa, para a emergência de espaços institucionais para o debate público "reflexivo", que tematizam também o conflito e o consenso ante as questões ambientais (Strydom, 2002, p. 132-8; Eder, 2006, parte III).

Queremos introduzir alguns elementos adicionais nessa discussão. Para definir a esfera pública, visamos ir além de um foco exclusivo na comunicação e nas redes de colaboração que amiúde considera-se, mais ou menos explicitamente, que a caracterizam. As esferas públicas, gostaríamos de argumentar, são mais complexas que isso. Assim, contrariamente a uma perspectiva segundo a qual o dinheiro e o poder meramente colonizam e destroem suas fundações, o mercado — coordenado pela troca voluntária bem como por hierarquias baseadas no comando — é também um dos elementos que constituem a esfera pública, em conjunto com as redes, baseadas na colaboração voluntária e em projetos. A introdução de tais noções, no *plano analítico* (ver Domingues, 2002a, cap. 8), empresta um cunho mais sociológico a sua definição, ajudando-nos a escapar de uma idéia excessivamente filosófica e idealizada de esfera pública.

Em "esferas públicas reais", portanto, o mercado está presente na realização de negócios e na participação de empresas, na mídia e em ongs; hierarquias aparecem no estado, em ongs, nos movimentos sociais e em empresas; ao passo que redes predominam na colaboração voluntária dos cidadãos, com freqüência organizando movimentos sociais e mídias alternativas. A reflexividade não se opõe seja ao mercado, seja às hierarquias, embora a prevalência de redes tenda a ser mais promissora na medida em que elas permitem uma interação comunicativa que se assenta em uma base mais ampla de liberdade. Conflitos em geral dão a partida em processos comunicativos na esfera pública, resultando às vezes em consenso, às vezes em compromisso (conquanto por vezes as questões simplesmente não avancem). É igualmente possível que o debate público gere mais conflito. O sistema político (incluindo o Executivo e o Legislativo bem como os partidos políticos), o Judiciário e a burocracia do estado têm de ser levados em conta de modo a obter-se uma descrição completa da esfera pública. De fato, o estado com freqüência molda as esferas públicas, que podem ser, em certo grau, sua própria criação.

Enfim, embora um consenso verdadeiro possa resultar de conflitos, e a despeito do fato de que as dimensões axiológica, normativa e discursiva são decerto cruciais, o poder, os recursos diferenciais e os interesses irredutíveis têm de ser também focalizados. Conflitos em geral têm vencedores e perdedores, maiorias e minorias. Os participantes não são estáticos e o conflito não é necessariamente um jogo de soma-zero, mas mesmo assim é provável que alguém leve mais vantagem (ou perca menos) em resultados concretos. A realização de valores pode ser um fim para o qual se escolhem os meios, porém estes podem se tornar fins em si mesmos, tal como o acesso a posições de poder.

APROXIMAÇÕES À AMÉRICA LATINA

A AMÉRICA LATINA E O MEIO AMBIENTE

Na América Latina, de modo geral, o estado se destacou nas respostas preliminares à problemática ambiental. O desdobramento da questão dependeu, contudo, da mobilização variável das forças societais.

Contra a conjuntura de uma percepção crescente dos problemas e dos riscos ambientais globais, a Conferência das Nações Unidas de 1972 em Estocolmo estimulou fortemente todos os estados a criarem quadros legais nacionais e impulsionou a ação governamental com relação à proteção ambiental. Em seguida, houve pressão para ver tais medidas implementadas, algumas das quais foram inclusive percebidas como uma ameaça à soberania nacional (cf. o constante debate acerca da região amazônica, o qual o governo brasileiro vem respondendo com a criação de legislação protetora e de agências responsáveis). O Brasil e o México se destacaram como particularmente importantes para a situação ambiental global. Desde os anos 1980, movimentos sociais ambientalistas endógenos e uma gama de ongs se multiplicaram na região no bojo do processo mais geral de transição dos regimes autoritários para a democracia. Embora as questões ambientais não tenham alcançado um papel decisivo nos debates eleitorais, elas têm sido veiculadas na mídia e tornaram-se uma preocupação social difusa, à qual os estados têm respondido de forma a aumentar sua própria legitimidade. Os traços específicos do ambientalismo latino-americano têm levado a sua conceitualização como um "socioambientalismo", sublinhando suas preocupações com a pobreza e com um desenvolvimento sensível à degradação ambiental. Como resultado desse sistema duplo de influências, os arranjos institucionais avançaram rapidamente por toda a região: no fim dos anos 1980 praticamente todos os países haviam criado agências ambientais, seis as elevaram ao *status* de ministério e um número ainda maior tinha um ministério de recursos naturais. O desenvolvimento sustentável acabou por tornar-se o centro do discurso ambientalista (Leis, 1991; Price, 1994; Mumme e Korzetz, 1997, especialmente p. 40-3 e 51).[2]

Estreitamente conectadas a tais processos estão a reemergência, a difusão e a pluralização da esfera pública, na qual movimentos sociais, ongs e mídias diversas são capazes de tematizar questões ambientais (Avritzer e Costa, 2005). O discurso dos direitos, conjuntamente com o da justiça e o da responsabilidade, veio para a linha de frente do debate político. Preocupações ambientais foram traduzidas em regulações constitucionais, em legislação, e em novas agências regulatórias; a intervenção governamental na vida social e nas questões ambientais, bem como o ativismo do Judiciário, encontraram novas fontes de energia e legitimação. Uma nova geração de direitos "difusos", que incluía o meio ambiente (cf. Bobbio, 1969), foi assim definida. Ademais, nesse momento

---

[2]Viola (1997, p. 88-91) dividiu os países da região em quatro grupos: 1) Brasil, México e Costa Rica, nos quais o ambientalismo estava bem estabelecido, contava com uma rede de ativistas, e atores internacionais cumpriam papel importante; 2) Venezuela, Chile e Uruguai, que eram similares aos primeiros, mas não eram internacionalizados; 3) Argentina, Colômbia, Equador e Nicarágua, onde não havia virtualmente nenhuma preocupação com o meio ambiente; 4) Panamá, Bolívia, Paraguai, Peru, Guiana, Suriname, Honduras, Guatemala, El Salvador e Belize, com pequenos grupos de militantes e pouco impacto na opinião pública. Segundo Mumme e Korzetz (1997), porém, o Equador tem uma longa história de engajamento em questões ambientais, com a oposição de grupos indígenas à exploração de petróleo nas florestas. De todo modo, muito mudou nos últimos dez anos, especialmente nas repúblicas andinas, com a emergência de fortes movimentos dos "povos originários", e na Argentina.

os regimes corporativistas tradicionais controlados pelo estado enfrentavam uma crise profunda, com resultados variáveis (mais radicais no Brasil e na Argentina, menos disruptivos no México). Nesse contexto, as pontes entre estado e sociedade tiveram de ser reconstruídas em uma sociedade muito mais complexa (Domingues, 2005b).

Foi nesse momento que as ongs tornaram-se proeminentes em todo o mundo. Algumas delas têm sido capazes de influenciar as políticas das organizações multilaterais, como o Fundo Monetário Internacional (FMI) e o Banco Mundial. Por outro lado, algumas ongs do "Sul" têm sido financiadas por essas instituições, bem como por ongs do "Norte". Isso implica, por vezes, agendas com pouca legitimidade pública interna para as ongs locais, paralisando o desenvolvimento de prioridades endógenas (Nelson, 1997; Nielson e Stern, 1997; Vianna, 2000). Especialmente problemático é o poder das agências financeiras multilaterais e as condicionalidades vinculadas a seus esquemas de empréstimo. Sua "influência" é exercida discretamente, longe da vista do público. Paradoxalmente, às vezes elas podem contribuir para a criação de esferas públicas locais, ao passo que elas próprias não estão de fato abertas às agendas locais e nacionais. Uma relação muito desequilibrada entre os agentes nacionais latino-americanos e as agências internationais deriva disso (Stallings, 1992).

As preocupações ambientais têm se desenvolvido contra o pano de fundo da visão dos recursos naturais como abundantes na maioria dos países latino-americanos. A construção de infra-estrutura em larga escala e, quando possível, a industrialização, o uso predatório dos recursos naturais e a perspectiva de sua inesgotabilidade têm sido traços de seus modelos de desenvolvimento. Uma pressão aguda pelo desenvolvimento surge da pobreza que se abate sobre grande parte dessas populações e dos padrões de consumo distorcidos devido a uma distribuição de renda extremamente desigual. Mais recentemente, uma forte orientação para a exportação de produtos primários e commodities de modo geral, em um regime neoliberal de comércio, foi retomada e tem estado na linha de frente do crescimento econômico, implicando uma pressão severa e renovada sobre os recursos naturais e efeitos colaterais destrutivos: degradação urbana, desflorestramento crescente, erosão do solo e perda de biodiversidade; de um ponto de vista formal, débil regulação do uso de sementes e produtos transgênicos, pressão para o afrouxamento das demais leis ambientais e entraves à sua implementação. O compromisso dos governos com o crescimento de acordo com essa divisão do trabalho reeditada tem sido forte, em detrimento de preocupações ambientais, inclusive quando vocalizadas por outras agências estatais (Viola e Leis, 1991; Castro Herrera, 2003; ver também o capítulo 2 deste livro).

Uma tensão existe dentro do estado em relação a seus dois papéis: de protetor do meio ambiente e de promotor do desenvolvimento. Sérias limitações decorrem disso: a legislação amiúde permanece "letra morta", com a preocupação ambiental tornando-se meramente simbólica. Em outras palavras, o estado encara demandas dos diversos setores da sociedade, desvia pressões dos reformistas ao criar legislação, instituições e cargos, mas freqüentemente deixa de aplicar a lei. O Judiciário desempenha papel cada vez mais importante, sem representar, porém, uma solução completa. É claro, uma outra fonte do fracasso da implementação de políticas é a capacidade limitada da esfera pública e das coletividades que lutam por mudanças ambientais de, na prática, influenciar a política estatal. Esse é mais um exemplo da lamentável tradição latino-americana de pôr mais peso nos aspectos formais e legais das instituições que em seu funcionamento efetivo. Na medida em que poucos recursos são destinados à aplicação da lei, pouco se pode esperar de diferente. A capacidade reduzida do estado latino-americano de intervir de forma mais profunda na vida social, seu limitado poder "infra-estrutural", cobra seu preço aqui, tal qual em outras áreas em que é extremamente necessário. O resultado é que a *informalidade se dissemina* e agentes estatais e societais poderosos, em geral firmas capitalistas, amiúde são capazes de fazer o que bem entendem, sem serem por isso penalizados (Mumme e Korzetz, 1997, p. 51-2; Laplante e Garbutt, 1992; Mann, 2005). Isso não quer dizer que não houve avanços na América Latina no que tange à proteção do meio ambiente e à disseminação do conceito de responsabilidade. Eles de fato ocorreram. Todavia, os problemas mencionados anteriormente limitam seu impacto.

O que se segue é uma abordagem mais específica dessas questões em relação ao Brasil, com o México e a Venezuela complementando nossa análise.

Brasil: institucionalização, movimentos e a esfera pública

O Brasil tem sido um dos países latino-americanos com mais forte movimento ambientalista e compromisso do estado com a questão; subseqüentemente, fez também grandes avanços em termos de provisões administrativas e legais. A Secretaria Especial do Meio Ambiente (Sema) foi criada em 1973, logo após a Conferência de Estocolmo. Estava vinculada diretamente à presidência da República, como um instrumento que em princípio se contrapunha aos grandes projetos desenvolvimentistas. Em 1981, ainda sob o regime militar, e nos quadros do paradigma de "comando e controle" da administração ambiental, a Lei da Política Nacional do Meio Ambiente foi promulgada, criando o Conselho Nacional do Meio Ambiente (Conama), que reservava espaço para a participação da sociedade civil e subseqüentemente converteu-se no principal fórum nacional para se chegar a um consenso sobre políticas públicas. Corpos estaduais e locais também foram projetados. A lei instituiu os principais instrumentos de regulação pública: a licença ambiental (que incluía a consulta pública), o zoneamento ecológico, o caráter obrigatório do estudo ambiental e dos relatórios de impacto, bem como multas por dano ambiental. Esse corpo de legislação foi considerado muito inovador então. Em 1985, a ação civil pública também virou lei, e, dessa forma, um instrumento importante para a intervenção dos agentes societais contra o dano ambiental (ver Brito e Câmara, 1999; Acserald, 2001; Little, 2003; Santilli, 2005).

Após a derrota do regime militar, em 1988 o Brasil ganhou uma nova Constituição, permeada de preocupações ambientais. O artigo 225 do capítulo VI afirmava que um "ambiente saudável" era um direito de cada cidadão e que o estado era responsável pela sua preservação, inclusive para as gerações futuras. A Constituição retomou a legislação ambiental vigente e criou o Ministério Público, encarregado da defesa dos direitos difusos, tanto em relação a este como a outros temas. O Instituto Brasileiro para o Meio Ambiente e os Recursos Naturais Renováveis (Ibama) foi criado em 1989 como o órgão executivo da nova Secretaria da Presidência da República para o Meio Ambiente (Seman), convertendo-se no Ministério do Meio Ambiente (MMA) em 1992. Em 1998, uma nova lei de crimes ambientais foi promulgada, a qual incluía a responsabilidade administrativa das empresas e a responsabilidade penal de seus executivos. Audiências públicas tornaram-se obrigatórias para o licenciamento de atividades potencialmente destrutivas do meio ambiente em escala significativa, tal qual definidas pelo Conama e pelas agências ambientais dos estados.

Simultaneamente a esses desenvolvimentos institucionais, a década de 1980 testemunhou a ascensão do movimento "ecológico" em uma esfera pública mais ampla e livre. Inicialmente, poucos grupos denunciaram a degradação do meio ambiente, mas a primeira metade dos anos 1980 viu a expansão e a politização do movimento no contexto da transição democrática. De acordo com Viola (1987 e 1997), a "ecopolítica" foi o próximo passo, com os militantes juntando-se aos partidos políticos e tendo impacto decisivo no processo constitucional. Sua hipótese é a de que o ambientalismo foi uma idéia-guia, que se disseminou por diferentes setores da sociedade, do estado e da economia, por meio do impacto do movimento ambiental (uma estratégia que não foi seguida por aqueles que criaram o Partido Verde, o que poderia explicar o fracasso da agremiação em tornar-se relevante).

O socioambientalismo foi um importante aspecto do movimento brasileiro. Depois da Eco 92 — que deu mais legitimidade ao movimento e às ongs —, distintos tipos de agentes convergiram na direção de uma política ambientalmente mais sustentável, especialmente em torno da *Agenda 21*. Originalmente importante no centro e no sul do país, e baseado em larga medida nas classes médias, o movimento disseminou-se na década de 1990 para o norte, incluindo seringueiros e comunidades originárias, com forte financiamento internacional. Seu impacto na opinião pública, na mídia, em outros movimentos sociais foi profundo. A degradação urbana, o desflorestamento e a biodiversidade têm sido as principais questões na agenda ambientalista brasileira — que lamentavelmente inclui o assassinato de alguns ambientalistas.

Enquanto preocupações ambientais tornaram-se parte da reflexividade societal mediada na esfera pública, o ambientalismo penetrou o estado, e muitos ativistas chegaram a posições no topo das agências políticas decisórias e da burocracia. Se isso fala de seu sucesso ou de cooptação, é uma questão em aberto. Alguns ativistas se tornaram consultores regulares do estado. Por outro lado, a profissionalização nas ongs (amiúde financiadas exogenamente) mostrou-se generalizada. De maneira geral, o movimento ambientalista teve uma fortuna contraditória. Contribuiu para o impacto da questão na opinião pública, ocupou a mídia comercial, criou uma mídia paralela e seus próprios fóruns de debate, bem como deu origem a fortes ongs, mas a capacidade do movimento de mobilização popular e em certa medida sua influência na esfera pública mais ampla vêm declinando desde os anos 1990 (Neder, 2002).

É mister agora indagar como a esfera pública tem se saído na mediação, na elaboração de discursos, na resolução de conflitos e na obtenção de consenso no Brasil, nos planos local e nacional.

Pesquisadores que estudaram as esferas públicas ambientais no Brasil no plano local não são particularmente otimistas. Alonso e Costa (2003, p. 122-5; e 2004) argumentam que, a despeito de avanços, aqueles mecanismos são falhos em termos de eficiência e legitimidade, gerando conflito em vez de consenso. Em audiências públicas, tem ocorrido mais discórdia que concordância, uma vez que divergências de interesse e valor são fortes. Some-se a isso que a falta de bases educacionais populares adequadas para compreender questões e mecanismos participativos, além de um compromisso público de baixa intensidade, o que impede que as pessoas participem ativamente de discussões que lhes interessam diretamente. Fuks (1998) sublinha problemas similares: a percepção social decai de modo agudo em áreas pobres e o Ministério Público cumpre papel de destaque na definição e processamento de conflitos relativos ao meio ambiente. Ele explora a importância do discurso ambientalista, em que velhos problemas ganharam componentes ambientais ou se converteram eles próprios em ambientais, de modo a atraírem atenção e serem processados, sustentando que a mídia comercial é o veículo de maior importância na definição dos problemas no debate público no que concerne a áreas de conflito.

No plano nacional, encontramos limites à responsabilidade coletiva ambiental também. Como visto anteriormente, o Conama perdeu muito de seu poder em anos recentes. Dificuldades surgem então quando interesses privados têm pela frente uma oposição ambiental baseada apenas localmente, porquanto os fóruns de discussão sejam principalmente para questões locais antes que para questões de ampla envergadura, e não haja efetivamente nenhum fórum público nacional para debates acerca de escolhas estratégicas ambiental-econômicas. Há problemas de definição da competência na gestão e das arenas de debate pertinentes, conflitos de hierarquias infra-estatais e de interesses do mercado.

Tomemos o caso da região amazônica. Não obstante a definição constitucional dessa floresta tropical como "patrimônio nacional", a taxa anual de desflorestamento nos primeiros anos deste século esteve acima de 20.000 km², mais de 80% dos quais em três estados — Mato Grosso, Rondônia e Pará (www.inpe.gov.br). O cultivo da soja que circunda e invade a floresta é um caso de pressão pelo desenvolvimento sem planejamento estratégico, em que interesses privados e coletivos podem estar em conflito e em que a falta de aplicação rigorosa da legislação ambiental, articulada à informalidade, com freqüência resulta em interesses mercantis facilmente saindo vitoriosos do embate ambiental. Isso tem levado ao virtual desaparecimento do discurso do desenvolvimento sustentável e a situações em que diferentes ministérios do governo têm sustentado posições distintas sobre o meio ambiente (no caso da soja, o Ministério da Agricultura em conflito com o do Meio Ambiente) (Baker, 2004). Poder-se-ia ainda argumentar que o fórum para a discussão de tais questões deveria ser o Congresso Nacional, mas considerações ambientais têm muito pouco peso no processo eleitoral, há poucos deputados eleitos sob a bandeira ambientalista e o Partido Verde é fraco. O Congresso acaba dispensando atenção a questões ambientais proporcionalmente a seu peso eleitoral, e o público acaba sem acesso ao debate.

De maneira geral, a responsabilidade ambiental no Brasil parece estar confinada a alguns setores do estado e da sociedade, estando totalmente ausente em outros. Certamente isso não equivale a um processo coletivo abrangente. A responsabilidade legal por danos ambientais é um fato, porém muitos aspectos da lei são na prática considerados apenas "educacionais". Instituições reflexivas têm sido desenvolvidas e seu papel na governança cresceu, mas com alcance limitado. Os elementos simbólicos e a informalidade são fundamentais para entender o funcionamento de um processo aparentemente participativo. Conflitos, interesses e valores divergentes quanto a questões ambientais são tratados pelo sistema de forma duvidosa ou de maneira muito parcial. No fim das contas, interesses poderosos e valores costumeiros que favorecem fortemente o desenvolvimento econômico sem as peias de considerações sobre a responsabilidade predominam amplamente quando as decisões são tomadas, incluindo-se aí o forte apelo da corrupção. Além disso, quando as decisões contradizem as forças do mercado e as hierarquias, com freqüência não são implementadas. Uma reprimarização parcial da economia brasileira no novo cenário globalizado e a pressão por um excedente na balança comercial têm apenas piorado as coisas. Mudanças nesse padrão parecem depender de uma renovação do movimento ambiental e do crescimento de sua influência na esfera pública.

México: uma reforma antecipatória

O México tem criado agências ambientais estatais desde a década de 1970. De maneira similar ao Brasil, suas instituições nesse campo são resultado de reformas sucessivas, impulsionadas em grande medida do exterior, especialmente no início, na seqüência da Conferência de 1972 em Estocolmo. A ênfase da política ambiental mexicana centrou-se nas pressões demográficas sobre ecossistemas específicos e na poluição industrial, que causava contaminação atmosférica, sobretudo na Cidade do México. Em 1972, a Subsecretaria de Melhoramento do Ambiente foi estabelecida e, seis anos mais tarde, a Comissão Intersecretarial para o Saneamento Ambiental foi criada. Em 1982, foi promulgada a Lei Federal de Proteção ao Ambiente. A Secretaria de Desenvolvimento Urbano e Ecologia (Sedue) surgiu também nesse momento. Em 1984, lançou-se uma campanha nacional para aumentar a percepção pública e estimular a organização de um movimento ambientalista de fato controlado pelo governo. Em 1987, o governo de de la Madrid, por meio da Comissão Nacional de Ecologia (CNE), propôs o programa 100 Ações Necessárias, visando a participação de outras esferas do governo e da sociedade. Durante o governo Salinas, ocorreram muitas mudanças no

JOSÉ MAURÍCIO DOMINGUES

que tange a políticas públicas para o meio ambiente. A Lei Geral do Equilíbrio Ecológico e de Proteção ao Ambiente foi aprovada, implicando um avanço conceitual ao emprestar ao meio ambiente um *status* abrangente, incluindo considerações socioeconômicas. Sob a égide da Sedue, que se tornou a Secretaria para o Desenvolvimento Social (Sedesol) em 1992, o plano de desenvolvimento do governo nacional incluiu temas ambientais pela primeira vez e criou duas agências subordinadas: o Instituto Nacional de Ecologia (INE), para regular as políticas ambientais, e a Procuradoria Federal de Proteção ao Ambiente (Profepa), para supervisionar e garantir a aplicação da lei. Em 1994, as reformas foram consolidadas com a criação da Secretaria do Meio Ambiente, Pesca e Recursos Naturais (Semarnap, logo depois Semarnat). O desenvolvimento sustentável subjazia a esse processo de construção de instituições, mas a poluição do ar continuou a dominar as prioridades das políticas públicas (Lezama, 2006, p. 136-42; Mumme, 1992).[3]

De acordo com Mumme (1992), a campanha de de la Madrid e especialmente as reformas de Salinas (1988-94), mais formais que substantivas, tinham principalmente o fim de se antecipar aos desenvolvimentos possíveis da questão ambiental em termos políticos. Eles queriam ganhar legitimidade para um cambaleante regime autoritário, embora eleito, que optara recentemente por reformas neoliberais e uma abertura política, sem considerar inteiramente as implicações de seu

---

[3]Desde que se juntou aos Estados Unidos e ao Canadá em acordos de livre comércio, o México tem feito experiências com mecanismos voluntários (ou seja, que não são baseados estritamente no comando), inicialmente com o Programa Nacional de Auditoria Ambiental (PNAA) (Lezama, 1999).

discurso. No coração de suas políticas estava a cooptação de amplos setores do nascente movimento ambientalista e a neutralização do impacto potencial de seu discurso e agenda, uma tática recorrente do estado corporativista mexicano no que concerne aos movimentos sociais. Como de hábito, os grupos que preferiram uma abordagem mais voltada para as bases e evitaram ser cooptados foram excluídos dos fóruns governamentais e de suas consultas. Resultados mistos sobrevieram disso: ao passo que o compromisso do governo Salinas com a proteção ambiental permaneceu essencialmente simbólico, seu período na presidência ajudou a colocar na agenda pública os temas que o movimento ambiental queria debater. Tendo de encarar pressões por um desenvolvimento contínuo, os governos mexicanos, do mesmo modo que os de outros países, têm se mostrado especialmente cegos para o duro impacto ambiental da expansão da indústria "maquiadora" na fronteira com os Estados Unidos, um aspecto-chave do crescimento orientado para as exportações da economia mexicana em décadas recentes. Mesmo no caso da poluição do ar, que se converteu em uma questão pública crucial, poder-se-ia dizer que o governo tem tratado o problema na capital com menos seriedade do que se a responsabilidade tivesse sido levada em conta a fundo. O estado tem em grande medida logrado evitar conflitos e legitimar-se com medidas paliativas relativas ao meio ambiente, com um uso sobretudo simbólico da legislação. Mas enquanto o estado se faz de rogado e não assume as suas responsabilidades, os movimentos sociais têm conseguido em boa medida manter esse tema vivo na esfera pública (Lezama, 2000).

JOSÉ MAURÍCIO DOMINGUES

Venezuela: a esfera pública e o desenvolvimento sustentável

O caso venezuelano é particularmente interessante para fechar nossa discussão, em parte porque representa originalmente um caso distinto dos anteriores, resultando contudo em práticas semelhantes. A Venezuela teve seus primeiros elementos de legislação ambiental introduzidos em 1976 — a Lei Orgânica Ambiental (LOA) e o Ministério do Meio Ambiente e dos Recursos Naturais Renováveis. Na Constituição Bolivariana de 1999 (que rompeu com a anterior república oligárquica) preocupações ambientais se destacavam. Os movimentos ambientalistas estavam organizados em diversas correntes e teceram redes para alcançar um nível adequado de coordenação. Conseguiram ter um impacto relevante na opinião pública, especialmente no plano simbólico, através dos meios de comunicação de massa. O discurso do desenvolvimento sustentável foi então introduzido e o movimento emergiu como um agente público relevante (Pilar García, 1992; García-Guadill, 2001). Mas as relações do movimento com o estado não têm sido fáceis.

A construção de uma linha de transmissão elétrica entre a Venezuela e o Brasil através da grande savana amazônica, opondo o governo, de um lado, e ambientalistas e grupos indígenas, do outro, exemplificará os problemas em relevo. A Constituição, bem como os acordos com a Unesco, abre espaço para estudos sobre impacto ambiental, que são então demandados por lideranças indígenas, apoiadas especialmente por ongs. Os líderes indígenas reivindicam também algum processo de "democracia direta", ao passo que outras lideranças são cooptadas pelo governo, que procede como se simples conversações com parte da liderança indígena bastassem para legitimar a construção da linha de transmissão. Essa solução era plausível, posto que, não obstante dispositivos constitucionais, não há legislação infraconstitucional que os traduza em práticas imperativas do estado. Uma situação problemática deriva disso: o movimento ambientalista enfatiza as dimensões ecológica e participativa do desenvolvimento sustentável, enquanto o governo concentra-se no crescimento econômico; o governo privilegia consultas, ao passo que os movimentos demandam tomar parte no processo decisório (García-Guadilla, 2001).

Esse exemplo mostra que o elemento simbólico da legislação mais uma vez é utilizado pelo governo hierarquicamente, para ladear os movimentos sociais e suas redes. Para além disso, uma tensão entre os diversos elementos do termo "desenvolvimento sustentável" se projeta, evidenciando concretamente, e no debate na esfera pública, um caráter quase inútil e ilusório. O que começa como um *slogan* consensual acaba como uma expressão crivada pelo conflito. A responsabilidade é, obviamente, capturada por essa divisão, uma vez que não é claro em que ela descansa — no estado, nos movimentos sociais, ou em uma mescla de ambos. Poderia uma esfera pública mais robusta solucionar essas contradições internas ou condenam-se o desenvolvimento sustentável e os temas que lhe estão vinculados quando uma definição clara se faz necessária? Embora isso seja de fato possível, talvez o desenvolvimento dos movimentos sociais na América Latina venha a provar que tal hipótese é prematura e pessimista, e eles poderão levar a responsabilidade coletiva a um novo nível de maturação normativa e empírica.

PALAVRAS FINAIS

O balanço líquido de nossa discussão aponta para a indubitável relevância da questão da responsabilidade ambiental na América Latina no presente estágio da modernidade. Nessa região, assim como em todo o mundo, o movimento ambiental global tem tido um impacto poderoso sobre as instituições e políticas estatais, dependendo muito também da mobilização social endógena. Mas nos países em que o tema tem sido tratado com mais profundidade e por mais tempo, a força variável do movimento ambiental e o caráter um tanto limitado da esfera pública, especialmente no que tange a esse tema, vêm se fazendo claros. Há, contudo, a real possibilidade, acreditamos, de um outro desdobramento da relação entre sociedade e natureza na América Latina. Conquanto o desenvolvimento seja, e não possa deixar de ser, um tema sobremaneira importante na agenda pública, a preocupação com a degradação e a superexploração da natureza é bastante explícita e generalizada.

Em suma, pode-se elencar certo número de questões que caracterizam as limitações do funcionamento prático da responsabilidade ambiental na América Latina. Primeiro, o forte caráter simbólico da legislação, como enfatizado anteriormente — ou seja, fortemente "simbólico" precisamente porque se confina amiúde a essa dimensão, sem ser efetivamente implementado. O fato de a "responsabilidade coletiva" ser confiada basicamente ao aparato estatal, que tem limitado poder infra-estrutural e várias áreas de informalidade (inclusive de corrupção), sendo atravessado por valores e prioridades conflitantes, é um segundo limite sério. O resultado é que muito da prática política ambiental continua a ser para "inglês

APROXIMAÇÕES À AMÉRICA LATINA

ver". A legitimidade das questões e problemas não é grande, embora exista potencial para medidas mais decisivas e ousadas.

Enfim, é preciso focalizar o tema do desenvolvimento. O discurso sobre a sustentabilidade foi em parte uma criação da América Latina, convertendo-se em peça-chave de retórica pública e da mudança na noção de responsabilidade. O desenvolvimento sustentável consistiu em uma tentativa de achar uma saída para a polarização entre os dois termos incluídos em sua própria articulação, mas não é claro como essa difícil combinação pode encontrar uma solução adequada sem mudanças mais profundas nos padrões industriais e culturais. Esse impasse não é exclusividade da América Latina. Todavia, uma vez que o lugar dessa região na nova divisão do trabalho do capitalismo atual a empurrou na direção de reassumir sua posição de produtora e exportadora de commodities e de produtos de baixa densidade tecnológica, reforçando o subdesenvolvimento quando comparamos essas economias àquelas dos países centrais — mais ricos e avançados —, a equação se fez mais tensa. Nesse cenário, as empresas capitalistas descartam facilmente os problemas e a legislação ambientais, legitimadas em princípio por sua simples contribuição ao crescimento econômico. Em nenhuma parte do mundo foram o desenvolvimento e a sustentabilidade adequadamente reconciliados. Contudo, a pobreza e a desigualdade, a dependência dos recursos naturais, bem como a posição subordinada da região em termos globais, complicam a situação latino-americana e tornam mais difícil encontrar soluções.

Os temas ambientais na América Latina fazem parte da pluralização de agentes e de questões trazidas ao debate público em uma sociedade cada vez mais complexa, no que chamamos de terceira fase da modernidade. Competem por atenção na esfera pública com outros temas, igualmente angustiantes, como a desigualdade e a pobreza. Quanta visibilidade alcançarão depende, é claro, do crescimento e da independência do movimento ambientalista e de sua capacidade de fazer os agentes sociais moverem-se para além de uma confiança no estado para legislar e implementar medidas que suportem o cuidado com o meio ambiente. Em outras palavras, da melhoria da capacidade de mobilização pela base, de persuasão e de comunicação na esfera pública mais ampla, para monitorar e estimular a implementação de políticas. Os limites às idéias de responsabilidade, tal como identificadas neste artigo, especialmente o caráter altamente simbólico da legislação, a pressão pelo desenvolvimento reforçada pelas liberalizações comerciais, sua excessiva dependência do estado e o papel de liderança de ongs estrangeiras na confecção de sua agenda, provavelmente permanecerão. Mas se o estado tem sido central para a institucionalização do discurso ambiental e o amortecimento concomitante de seu potencial disruptivo, os conflitos não foram eliminados e permanecem uma fonte potencial de mudança mais ampla e profunda.

CAPÍTULO 6 Movimentos sociais latino-americanos contemporâneos: diversidade e potencialidades*

*Publicado em *Análise de conjuntura OPSA*, nº 2, Observatório Político da América do Sul — Iuperj, 2007 (http://www.observatorio.iuperj.br).

INTRODUÇÃO

A América Latina contemporânea tem sido cenário da emergência e da multiplicação de movimentos sociais ao longo dos últimos dez anos. Por vezes, isso parece tomar um cunho quase insurrecional, em outros momentos, esse processo se conecta a mudanças mais amplas no sistema político, em outras situações, esses movimentos se mostram como força importante, sem, contudo, obter maior impacto na sociedade inclusiva. Em muitos aspectos esses movimentos se mostram inovadores, ou ao menos diferentes daqueles que vigeram em períodos anteriores. É sobretudo a investigação dessa novidade que norteará este artigo, sem deixar de lado os elementos de continuidade que os movimentos sociais contemporâneos latino-americanos mantêm com aqueles que os antecederam.

Para compreender esses movimentos sociais não basta, porém, debruçar-se exclusivamente sobre eles, embora isso seja evidentemente necessário. Tampouco serve-nos evocar em tom de denúncia o neoliberalismo que tem dado as cartas desde a década de 1990, conquanto seja igualmente importante assinalar as conseqüências engendradas por esse projeto político. Na verdade, é mister localizar a emergência dos novos movimentos sociais latino-americanos naquilo que quero definir como a terceira fase da modernidade. Para isso é preciso definir como seriam as duas fases que a antecederam e delinear aquela que a elas se seguiu. Desenvolvi isso com mais detalhes em outros trabalhos. Assim, contentar-me-ei em esboçar como elas se caracterizam.

MODERNIDADES LATINO-AMERICANAS

A primeira fase da modernidade — liberal restrita e vigente no século XIX — teve no mercado seu centro, com um estado que deveria ser meramente coadjuvante na criação e na manutenção da ordem social. Obviamente, isso era, em grande medida, uma utopia, que previa a homogeneização absoluta da sociedade, a ser composta doravante de indivíduos atomizados que teriam laços de outro tipo apenas com suas famílias. Se na Europa e nos Estados Unidos a concretização desse modelo foi, em geral, parcial, na América Latina oligárquico-latifundiária isso ocorreu de maneira ainda mais restrita. A sua crise englobou, de todo modo, de maneiras distintas, o mundo em seu conjunto. Daí emergiu a segunda fase da modernidade, em que o estado adquiriu muito mais centralidade, mantendo-se aquela utopia de homogeneização, que mercado e estado deveriam, cada qual a sua maneira, implementar. O fordismo complementava o modelo, implicando na grande produção em massa de produtos *standard* que uma nova classe operária consumiria. Na América Latina periférica ou semiperiférica, características específicas marcam essa segunda fase. Expressam-se sobretudo no estado desenvolvimentista, que era a contraface do estado keynesiano e de bem-estar que vicejou no Ocidente, no centro da modernidade global já então mais que estabelecida; e, desde os anos 1950, no consumo de produtos pelas camadas médias proporcionado pela instalação das empresas transnacionais, que no centro produziam para uma massa de trabalhadores.

O movimento operário foi crescentemente o principal movimento social dessas duas primeiras fases da modernidade, secundado pelo movimento feminista, sobretudo no Ocidente, ao passo que na América Latina destacavam-se também o movimento camponês e inúmeros movimentos comunitários, ligados ao vasto mercado informal de trabalho e às péssimas condições de vida dessas populações que migravam para as cidades. A teoria marxista — que previa a passagem da "classe em si" à "classe para si" e ao movimento revolucionário comunista — foi a principal interpretação desse movimento (ver Giddens, 1973). Outras dela derivaram ou se lhe aparentavam, ainda mais calcadas nos "interesses" econômicos e na separação da economia da política como solo para formação das classes e de sua consciência, caso esse da perspectiva de Touraine (1988, p. 447-51)[1] — que também surgia a partir da crítica ao "populismo", que teria "manipulado" os trabalhadores na passagem da sociedade "tradicional" à "moderna" na América Latina. Deve-se observar ademais que o corporativismo, inspirado no fascismo, serviu no subcontinente à incorporação controlada do movimento operário, especialmente naqueles países em que houve uma crise da dominação oligárquica, sobretudo México, Argentina e Brasil, e, na Bolívia, do movimento camponês. A essa incorporação correspondia a repressão dos setores populares que recusassem a tutela estatal, forjando-se destarte o chamado padrão "coopta-

---

[1]Ainda que isso se ponha, a meu ver, em radical contradição com a idéia de que as classes compartilham e disputam um mesmo campo da "historicidade". Cf. Touraine, 1984.

ção-repressão" típico da segunda fase da modernidade latino-americana (Spalding Jr., 1987; Maneiro, 2006).

A crise que se inicia nos anos 1970 dura até os 1990, em todo o mundo. Esse é efetivamente o momento de emergência do neoliberalismo, que pretende responder à crise da segunda fase da modernidade, embora seu programa datasse de período anterior. Na América Latina, conquanto capaz de mudar o modelo de regulação social em geral e em particular do capitalismo, seus efeitos foram fundamentalmente desastrosos — econômica, social e politicamente. De forma paradoxal, foi este também o momento em que a transição para a democracia começou a se dar em toda a América Latina, inclusive com regimes oligárquicos seculares (malgrado formalmente democráticos, como o venezuelano), mostrando-se frágeis ante a nova situação. A esta altura as massas populares se libertavam definitivamente de formas de dominação pessoal, inclusive mercê da consolidação neoliberal dos mercados de trabalho assalariado no campo, via o fortalecimento da agroindústria e do corporativismo, desde fins dos anos 1970, através do "novo sindicalismo", no caso brasileiro. Elas passavam a desfrutar de um ambiente de liberdades políticas e sociais sem par até então no subcontinente, em que pesem problemas de várias ordens para a consolidação de um amplo estado de direito. A crescente globalização econômica — neste momento capitaneada pela abertura dos mercados — e cultural — que disponibilizou imagens e identidades, intensificando a comunicação em todo o planeta — é outro elemento a ser considerado nessa nova configuração social.

Permitam-me, então, já em um plano mais analítico, listar e organizar alguns elementos-chave que se encontram presentes nessa nova situação: sociedades mais complexas e plurais — fruto de processos de diferenciação social cujos desdo-

APROXIMAÇÕES À AMÉRICA LATINA

bramentos atravessam toda a modernidade — e menos submetidas àquela, cada vez menos eficaz, utopia homogeneizadora, além de uma maior exposição dessas sociedades a padrões globais; sujeitos individuais e coletivos mais "desencaixados", isto é, com mais mobilidade física e identitária; sistemas políticos altamente "poliárquicos", ou seja, com amplas possibilidades de participação, não apenas eleitoral, e de debate, apesar de suas limitações; e, deve-se acrescentar, a crise da noção de socialismo, comunismo, libertação nacional e nação que a esquerda (partidos comunistas, movimentos nacional-libertadores e guerrilhas — cf. Touraine, 1988, p. 199ss. e 331ss.) até bem pouco tempo sustentava. Estão eles entre os elementos fundamentais para caracterizar aquilo em que consiste a terceira fase da modernidade latino-americana, ao que se deve aduzir o pós-fordismo e a renovação da posição subdesenvolvida e subordinada — como exportadora de commodities — que marca sua posição no padrão global de desenvolvimento desigual e combinado do capitalismo, hoje como antes (ver especialmente Domingues, 2002a, 2005a e 2005b).

Aqui encontramos, de um lado, os condicionamentos sociais — inclusive uma fragmentação ainda maior da classe trabalhadora — e, de outro, as questões e possibilidades institucionais — em particular a luta pela democracia e a consolidação enfim do novo ambiente democrático, que se conjugou a um estado enfraquecido pela política neoliberal — que proporcionaram o surgimento e a renovação dos movimentos sociais latino-americanos desde os anos 1990. Uma nova "cultura política" se forjava nesse momento, fruto da luta pela democracia e do pluralismo cada vez mais amplo e evidente a se expressar nas lutas sociais que contribuíram decisivamente para a queda das ditaduras militares nos anos 1980, assim como da consolidação de demandas de populações que mais fortemente alcançavam a cidadania e lutavam por sua ampliação (Escobar e Alvarez, 1992; Alvarez, Dagnino e Escobar, 1998). Continuidade e solução de continuidade, como veremos a seguir, se conjugavam nessa nova cultura política.

DIVERSIDADE E RENOVAÇÃO

Nas páginas a seguir, tratarei dos aspectos principais dos diversos movimentos sociais que têm hoje mais destaque na América Latina, para enfim buscar um quadro sintético mais geral. De início é importante assinalar que a pluralização dos movimentos sociais e a perda de uma clara hierarquia entre eles implicaram no que se poderia definir como o seu *descentramento* enquanto subjetividades coletivas (ver Domingues, 1995a). Sua identidade é mais fluida quando se considera o somatório dos movimentos, nas diversas dimensões que analisaremos a seguir — embora em si possam ser até altamente centrados; e sua organização tende em muitos casos, pela mesma razão, a ser mais dispersa, o que de resto requer um mecanismo de coordenação específico de forma a possibilitar seu centramento relativo — conquanto, mais uma vez, em si possam ser altamente organizados e inclusive hierárquicos.

Como assinalado acima, o sindicalismo — e, de modo mais geral, o movimento operário — foi visto como a grande expressão dos movimentos sociais nas primeiras fases da modernidade. Em geral se pretendia que constituísse uma subjetividade coletiva altamente centrada. Na América Latina, o enorme espaço ocupado pelas relações de trabalho informais fizeram da organização dos trabalhadores algo mais complicado, com a exceção parcial da Argentina, onde um modelo de acumulação quase intensivo e em parte baseado no consumo das massas gerou uma numerosa classe operária fabril e sindicalizada. Os movimentos comunitários, de moradores, foram a contrapartida daquela informalidade e precariedade do mundo do trabalho. Recentemente, com uma crise mais profunda do trabalho e do emprego, muitos imaginaram um declínio do movimento sindical que espelharia o que supostamente se verifica nos países centrais (Europa, Estados Unidos). A crise da dívida nos anos 1980, o neoliberalismo na década seguinte, a reestruturação produtiva na mesma época, as novas formas, mais liberais e desfavoráveis aos sindicatos, de regulação dos mercados de trabalho, uma tendência forte à reprimarização das economias latino-americanas, além do surgimento de fortes movimentos de desempregados, pareciam atestar a validade dessa tese (Zapata, 2003; Maneiro, 2006). A Argentina, com o declínio do sindicalismo peronista e a organização dos desempregados como "piqueteros", seria o exemplo mais eloqüente desse processo, detalhadamente analisado por muitos autores (em particular por Svampa e Pereira, 2003; ver também, Svampa, 2005).

Mas a verdade é que o sindicalismo segue sendo uma força a ser considerada, talvez mesmo o movimento social mais importante, de maneira geral, na América Latina. Sua libertação do jugo corporativista no Brasil e na Argentina, com novos sindicatos e centrais de trabalhadores, permitindo pluralismo e mais capacidade de mobilização por vezes — ainda que em condições econômico-sociais com freqüência extremamente desfavoráveis — garante-lhe uma posição de destaque nas lutas sociais. É verdade que no Chile ele declinou brutalmente e que no México o corporativismo segue sendo influente nas cúpulas (embora cada vez menos consiga controlar as bases sindicais), e que em muitos países outros movimentos se mostram mais relevantes. Mas com uma população de trabalhadores assalariados extremamente numerosa, e boa parte dela sindicalizada, o sindicalismo permanece como movimento social de grande relevância na América Latina, embora em muitos casos precise, urgentemente, se modernizar — o que foi o caso no Brasil nos anos 1970-80 e ocorre hoje na Argentina, onde fortes movimentos grevistas têm tido lugar nos últimos dois anos (Zapata, 2003; Quiroz Trejo, 2004; Svampa, 2006). Isso não quer dizer que se esteja constituindo um movimento operário revolucionário ou socialista: não há por que misturar essas coisas, cuja articulação é contingente, embora possa vir, mais uma vez, a ocorrer fenômeno deste tipo mais adiante, caso forças políticas, condições sociais e subjetividades operárias confluam de algum modo nessa direção. Além disso, seu grau de centramento, devido a seu pluralismo, diminuiu e se faz mais problemático, pois depende de arranjos em que diversas organizações desfrutam de mais liberdade.

Seja como for, é no âmbito do bairro, entre "vecinos", como nas "afueras" de Buenos Aires ou em El Alto, nas cercanias de La Paz, ou na vastidão das cidades do México, Lima ou São Paulo, que muito da política popular latino-americana se realiza hoje, com movimentos mais pontuais ou mais abragentes (contra o "neoliberalismo"). Eles evidenciam graus relativos de centramento, possuindo identidade e organização variáveis, com pautas construtivas e continuidade ou como a expressão dispersa e um tanto a esmo da "protesta" social — termo caro à literatura argentina, o que evidencia a mobilização massiva daquela sociedade porém também os limites de seus movimentos sociais. Essa é uma tradição comunitária latino-americana que, assim como o sindicalismo, mantém em grande medida continuidade com o período anterior, de forma geral o século XX, sem que se deva idealizá-la como

APROXIMAÇÕES À AMÉRICA LATINA

domínio da pureza popular, como costumava ser feito há algumas décadas. Muitos, contudo, gostariam de ver aí uma ruptura ou ao menos uma inflexão, pois o bairro "territorializaria" esses movimentos, que deixariam de ter a fábrica como referência, tese cara, mais uma vez, aos analistas argentinos (Svampa e Pereira, 2003; *Revista OSAL*, n°s 1-20, 2000-2006). Mas se, na América Latina, é muito mais continuidade que mudança o que se nos depara nesse sentido, é certo também, por outro lado, que coordenadas espaço-tempo específicas se encontram presentes na constituição de qualquer sistema social, no que se incluem, obviamente, os movimentos sociais.[2]

Mais surpreendente que qualquer outro fenômeno tem sido o que se poderia considerar uma "reetnização" da América Latina. Isso é verdade particularmente na região andina e na América Central (sobretudo na Guatemala e no México), mas ocorre por toda parte. Quéchuas, aymaras, mapuches, indígenas de Chiapas, Sonora e Yucatan, parecem haver subitamente redescoberto serem "índios" — ou "povos originários", como preferem muitos. É preciso, contudo, tomar cuidado com esse tipo de imagem, amiúde difundida pela mídia. Aqui definições analíticas são imprescindíveis para que possamos dar conta adequadamente de nosso objeto.

Há pouco observei que as classes trabalhadoras não são necessariamente revolucionárias, muito menos socialistas em princípio. Deve-se notar que desde sempre, em uma forma

---

[2]Poder-se-ia falar ainda, na senda de Thompson e Tilly, como o faz Auyero (2002), de uma mudança no "repertório" do "protesto social", o que, no caso dos piqueteros, mas também nas marchas de cocaleros na Bolívia e de greves recentes na Argentina, incluiu em particular o bloqueio de estradas. Mas é discutível se esse ponto deve ser realmente enfatizado, ou se, conquanto constituindo uma agregação ao repertório anterior, não modifica em profundidade as formas de mobilização populares latino-americanas.

reflexivamente prática, seus membros se reconhecem como as constituindo, podendo dar forma e conteúdo sistemático, ao racionalizar sua reflexividade, a essa identidade prática e em geral difusa. Podem ademais politizá-la — e inclusive emprestar-lhe conteúdo revolucionário e socialista. Uma identidade sistemática somente é possível, todavia, na medida em que praticamente isso é plausível, ou seja, desde que os indivíduos que conformam essas classes — que se encontram além do mais em relação com outras classes — compartilhem condições de vida, relações e práticas sociais. O mesmo se passa com os setores populares cuja etnicidade veio recentemente para a linha de frente da política popular. Quéchuas e aymaras, mapuches e ianomanis têm sido desde sempre grupos étnicos distintos, compartilhando um idioma e modos de vida específicos. Isso tem em geral permanecido ativo no plano *prático*. Nos Andes, em particular, mas também no México, a identidade camponesa desses setores é que adquiriu preeminência e sistematicidade, inclusive do ponto de vista político, durante o século XX.

Com a crise das concepções classistas e das políticas de esquerda, a realização bastante extensa da reforma agrária, mas com resultados limitados na prática, o desmonte das políticas de apoio aos camponeses pelo neoliberalismo (o que inclui a possibilidade de alienação das parcelas individuais do "ejido", terras comunitárias, no México) e a crise do sindicalismo rural, isso se fez mais difícil. Somam-se a essas dificuldades a complexificação das sociedades nacionais, sua crescente exposição à globalização e uma cada vez mais enfática valorização de diferenças que o estado nacional nem queria nem mais podia simplesmente tentar homogeneizar (em particular com certa perda de legitimidade da ideologia — em parte realidade — da *mestizage*), com a adoção em vários desses

APROXIMAÇÕES À AMÉRICA LATINA

países da educação bilíngüe. Torna-se assim possível entender como sobreveio tal mudança. Isto é, como houve não apenas uma *sistematização* (*racionalização*) mas também uma *politização* das identidades étnicas, principalmente nos países com populações pré-colombianas mais numerosas (Wade, 1997; Trejo, 2002; Stefanoni, 2004; Guimarães, Domingues e Maneiro, 2004).

Mas aqui é preciso, mais uma vez, ser cauteloso. Primeiramente porque essa etnicidade não é aquela — na verdade folclórica — que remeteria diretamente ao mundo pré-colonial. Desde então, muita água correu por baixo da ponte: esses "povos originários" são étnicos em seu imaginário, instituições e práticas contemporâneas, conquanto em alguns momentos queiram eles mesmos recorrer a reconstruções daquele período para reforçar e legitimar suas identidades e reivindicações. Em segundo lugar, não há razão para supor, esperar ou, talvez, sequer desejar que em todos esses países e regiões haja uma politização da etnicidade. No Peru, por exemplo, não é este o caso. Aí é provável que a política e os movimentos sociais percorram outros caminhos, não menos legítimos, não menos populares que aqueles que emprestam destaque ao tema da identidade étnica (Burt e Mauceri, 2004). Quanto à sua constituição básica como subjetividade coletiva, uma característica se destaca: graças ao poder da vida comunitária e a ausência de domínio hoje de grandes proprietários, esses movimentos são com freqüência altamente centrados (especialmente na Bolívia e no Equador), com forte identidade e organização, as quais dependem, contudo, de forma radical de uma participação popular permanente e vigilante.

Ademais, é preciso considerar que muitos desses movimentos, conquanto tenham o tema da autonomia, cultural e inclusive político-administrativa, em seu centro, mantêm uma pauta bastante concreta e, por assim dizer, "materialista": reforma agrária, políticas de sustentação aos pequenos produtores, controle dos recursos naturais de suas regiões ou do país como um todo. Há nesse sentido clara continuidade entre o passado e o presente. Na verdade, não há mais movimentos agrários fortes e ofensivos na América Latina — com a exceção do Brasil; ao mesmo tempo as lutas no campo seguem vigentes (Williams, 2001; Kay, 2002). Os camponeses permanecem aqui e ali, bem como é significativa a pobreza rural. Por outro lado, a agroindústria avançou tremendamente no subcontinente, gerando um vasto proletariado rural e grande desemprego nessas regiões também. No México, o neoliberalismo e o Tratado de Livre Comércio da América do Norte (Tlcan) vêm fazendo um estrago brutal entre os produtores rurais, certamente no que tange aos pequenos, afetando, entretanto, enormemente também médios e grandes proprietários, que não conseguem competir com a importação de alimentos dos Estados Unidos. El Barzón é o movimento que responde a esse choque comercial e financeiro. Mais curioso é o caso do Brasil. País de dimensões continentais, com muitas terras disponíveis (cuja qualidade econômica e disponibilidade de um ponto de vista ambiental são contudo discutíveis), ele abriga o maior movimento agrário das Américas, ao lado da guerrilha capitaneada pelas Forças Armadas Revolucionárias Colombianas (FARC). Que não se trata de um movimento camponês, por outro lado, se patenteia imediatamente por seu nome — Movimento dos Trabalhadores Sem Terra (MST) — e, de forma mais indireta, por suas táticas de luta, que implicam na grande mobilidade de uma massa de militantes, algo que não seria de modo algum possível para uma organização de camponeses, estes sim presos à sua terra e à produção que dela precisam extrair. Seu alto grau de centramento é conhecido, embora sua estrutura muito hierárquica seja pouco mencionada.

A questão da raça e dos movimentos sociais contra o racismo repõe alguns dos temas já encontrados no que se refere à construção da identidade tal qual abordada acima. Mas neste caso de uma forma particular. Ao passo que a plausibilidade das identidades e dos movimentos de classe e étnicos é por si bastante forte — embora não esteja jamais ausente a variável relacional, em outras palavras, o processo interativo mediante o qual todas as identidades se formam —, no que concerne à raça a questão do poder assume destaque. De modo geral a racialização de um grupo social — no caso latino-americano, principalmente negros, mestiços e indígenas — é fruto de sua rotulação por parte daqueles capazes de impor socialmente essa definição, que via de regra se acompanha de subalternização, negatividade e discriminação, erigindo um estatuto de inferioridade. Hoje o tema da raça se refere sobretudo às populações afro-descendentes, porquanto a etnicidade sirva de canal para a afirmação positiva de sua diferença por parte dos descendentes dos indígenas pré-colombianos. Desde ao menos fins do século XIX, a luta contra o racismo que atinge negros e mestiços vem se fazendo. Aprofundou-se por volta dos anos 1930 para lançar-se com força sem igual nos anos 1980. Com isso assumia para si aqueles elementos identitários que até então eram usados para estigmatizar, invertendo seu sinal. Movimentos de classe média ascendente, bem como de alguns setores populares, conformam os movimentos sociais de afro-descendentes latino-americanos, especialmente no Brasil e na Colômbia, de forma plural e bastante descentrada (Wade, 1997; Sansone, 2002).

Dois temas delicados se põem, ademais: primeiramente, o fato de que durante a maior parte do século XX essas foram sociedades que cultivaram a ideologia da mestiçagem e da "democracia racial". O movimento negro, buscando em novas bases a integração social, não pode lidar senão de maneira ambivalente com esse legado. Em segundo lugar, mas em conexão com aquele primeiro, insinua-se o tema da influência do modelo birracial e polarizado norte-americano, inclusive com o apoio e sustentação financeira de instituições daquele país. Se se trata de questão problemática, o movimento negro parece ter sabido enfrentá-la de forma produtiva. Se inicialmente assimilou acriticamente aquela perspectiva, acabou por reformulá-la na direção de ampliar suas demandas para o conjunto dos "afro-descendentes", deixando de lado um simples e inadequado corte birracial (Sansone, 2002; Costa, 2003, cap. 7).

Outros movimentos, que em passado recente tiveram peso enorme, vêm tendo trajetórias ondulantes: os movimentos democráticos e por direitos humanos possuem força ainda sobretudo na Argentina e no Chile — onde o peso das sanguinárias ditaduras dos anos 1970-80 ainda se faz sentir, inclusive com o seqüestro de testemunhas em processos contra assassinos e torturadores (Garretón, 2003, cap. 7). Não parecem ter, contudo, uma pauta que coloque em cheque propriamente a estrutura de poder e dominação dos estados modernos, para além da constituição efetiva do estado de direito e da punição de criminosos oriundos das ditaduras militares. O movimento ambientalista foi fortíssimo em vários países — especialmente no Brasil e no México —, mas declinou após a institucionalização formal do tema e a sua substituição como tal por grupos profissionais, de pressão, e por organizações não-governamentais (ongs) (como visto no capítulo 5 deste livro). Um novo ambientalismo, porém, parece estar surgindo, seja nesses países, motivado pela crise ambiental global que desaba sobre o planeta e a humanidade, seja em outros, como a Argentina, onde nunca chegou a ter maior expressão (Svampa, 2005, p. 258-90), ou ligado aos movimentos indígenas (*Revista OSAL*, nº 17, 2005). Por fim, o feminismo, poderoso nos anos 1980, se bem que de forma difusa e descentrada, mantendo-se como um tema vivo e constituindo ampliadamente um novo tipo de subjetividade coletiva, se "ongizou" e declinou em termos de criatividade e capacidade de mobilização cultural e política (Alvarez, 1998).

Enfim, duas questões devem ser focalizadas antes de buscarmos um fecho conceitual mais espesso para nossa análise desses movimentos sociais e relacioná-los de forma mais ampla ao sistema político. Primeiramente, deve-se assinalar que o que se pode definir como a "política da autonomia" ganhou espaço em muitos movimentos sociais latino-americanos recentemente. Isso se observa, por exemplo, no México (Giordano, 2006), com os zapatistas, e na Argentina (Svampa, 2006), no seio de sua miríade de movimentos sociais. As idéias de Antonio Negri e a simplificação neo-anarquista produzida por John Holloway dão base a essa política. A recusa aos partidos políticos, de tipo mais pluriclassista, como o Partido Revolucionário Democrático (PRD) no México — o que se expressou na chamada "la otra", uma campanha paralela à presidencial em que o candidato oficial da esquerda era Andrés Manuel Lopez Obrador —, é um exemplo forte disso; bem como o é a recusa a forças da esquerda revolucionária tradicional (leninistas ou trotskistas). Isso se completa com a suposição de que o papel do estado na mudança social é na melhor das hipóteses contraproducente.

Mais importante, de grandes implicações sociais e com raízes na teoria sociológica clássica, é o papel dos novos movimentos religiosos na América Latina. Desde Weber (1920) ao menos sabemos que os movimentos religiosos são cruciais para os processos sociais de mudança rumo à modernidade e dentro dela. A esquerda, a partir de certo momento, concentrada nos movimentos socialistas revolucionários e com inclinações secularizantes, na melhor das hipóteses tomou como secundário o papel da religião nas transformações sociais. Mas hoje é como se os movimentos religiosos fizessem questão de desmenti-la. Muitas vezes eles são já altamente centrados — baseados em mecanismos hierárquicos — e institucionalizados, contando com um corpo clerical autoritário e manipulativo. Outras vezes, implicam em participação popular massiva, bem mais descentrada e mutante, embora podendo assumir um caráter intolerante. Alteram, de todo modo, valores e modos de vida, não por acaso em camadas médias ascendentes, em populações pobres da periferia e em comunidades indígenas urbanas ou rurais, com participação forte muitas vezes nos processos políticos e com a circulação de lideranças de e para movimentos seculares. Esse é o caso, por exemplo, do katarismo e de seus desdobramentos contemporâneos na Bolívia "reetnicizada", que recebeu e forneceu quadros aos movimentos evangélicos em particular na região de El Alto (Canessa, 2000). Goste-se ou não da direção em que se lançam os movimentos religiosos, em particular os hodiernos, aprecie-se ou não o papel da própria religião na vida social, ao analista social cumpre compreender a sua potencialidade, suas formas de organização, seu conteúdo e a contribuição que dão à mudança nos modos de vida e na vida social de maneira geral.

ALGUMAS QUESTÕES CONCEITUAIS E
CONCLUSÕES POLÍTICAS PARCIAIS

Foi possível até aqui constatar uma grande pluralização dos movimentos sociais latino-americanos, o que é fruto e ao mesmo tempo consiste em um dos elementos da crescente complexidade da modernidade, agora em sua terceira fase. Alguns deles sem dúvida preexistiam a esse período mais recente, mas sua preeminência, situação de igualdade ou inclusive maior importância, em relação ao movimento sindical e operário, ou camponês, é uma novidade que não se deve subestimar. Isso se mostra ainda mais dramático se os novos movimentos religiosos, que, em sua pluralidade radical, quebraram definitivamente o monopólio da Igreja Católica, são admitidos no quadro interpretativo dessa nova fase da modernidade.

Há alguns anos, após a valorização pela esquerda dos chamados "novos movimentos sociais" na Europa e nos Estados Unidos, e a posterior constatação de que não substituiriam o movimento operário como coveiro do capitalismo, algumas teorias se firmaram como paradigmas interpretativos desses novos movimentos sociais. Nelas uma clara divisão se apresentou entre correntes mais histórico-filosóficas, européias, e outras, mais preocupadas com temas organizativos, vertente norte-americana (ver Eder, 1993). Melucci (1996) é um expoente daquele primeiro grupo de paradigmas. Segundo ele, distantes do estado e da política formal-institucional, os novos movimentos teriam caráter molecular, baseando-se em redes de colaboração que durante certos períodos poderiam permanecer latentes. A mudança cultural, desconectada de interesses materiais, e a transformação social de longo prazo têm grande destaque em suas teses. Tarrow (1994), por seu turno e expressando aquela outra vertente, derivou sua discussão em parte da problemática do utilitarismo de Olson, buscando perceber em que condições e de que forma os movimentos se organizam e quais seriam seus impactos mais imediatos: as oportunidades políticas para o surgimento dos movimentos (isto é, quando seus organizadores entendem que o custo para deslanchá-los é válido e os benefícios, suficientes), suas redes internas e que recursos são capazes de mobilizar são seus principais elementos analíticos. Em que medida essas teorias servem para compreender a nova configuração dos movimentos latino-americanos?

De início é mister reconhecer, como o faz Santos (1995, p. 256-69), que não há de modo algum uma divisão entre movimentos materialistas e pós-materialistas na América Latina. O próprio movimento ambientalista no subcontinente, tendo trazido para a linha de frente o conceito de "desenvolvimento sustentável", nada teria a ver com essa visão dicotômica (ver o capítulo 5 deste livro). A idéia de "custo" e benefício maiores ou menores seria ademais problemática, uma vez que, se a democracia facilitou a emergência de novos movimentos e seu florescimento, foi sob brutais ditaduras que muitos deles surgiram ou se mantiveram ativos, ainda que os anos 1990 tenham testemunhado uma inflexão no cenário e no tipo de movimentos em atividade. De resto, não há por que supor que interesses são em si utilitários e que a ação de indivíduos e a movimentação das coletividades se baseiam em cálculos de custos e benefícios (o que não quer dizer que isso não ocorra em certas ocasiões). As motivações podem ser várias e os interesses devem ser muito mais amplamente concebidos, sem que isso nos deva levar de volta à discutível divisão entre valores materiais e pós-materiais. O fato é que muitos movimentos sociais se formam em situações que de maneira alguma se adaptam à noção de que há oportunidades com baixos custos e altos retornos, o que com freqüência consiste em uma tese calcada em um utilitarismo apriorista. Amiúde passa-se o contrário.

Redes internas e externas são, outrossim, fundamentais para o sucesso desses movimentos, a despeito dos riscos de cooptação clientelista que correm com isso (Chalmers, Martin e Piester, 1997; Rodríguez Garavito, Barret e Chavez, 2005). Na verdade, a articulação bem-sucedida de muitos deles entre si e com o sistema político, inclusive os novos partidos de esquerda, tem dependido muito do que deveria ser definido, analiticamente, como um mecanismo de "rede" — isto é, de "colaboração voluntária" através da qual "projetos" comuns, circunscritos, podem ser levados a cabo. Sem dúvida, se tomarmos os movimentos religiosos atuais, poderemos ver que muitos se coordenam hierarquicamente, no que o "comando" desempenha papel decisivo. Isso quer dizer que não é correto absolutizar nenhuma idéia de "sociedade em rede". A importância crescente daquele mecanismo de coordenação em formações sociais cada vez mais complexas não pode, porém, ser desconsiderada (ver Domingues, 2002a, cap. 8). É a colaboração voluntária que tem permitido o centramento mais elevado de muitas dessas subjetividades coletivas, cujo poder de mobilização funda-se largamente na liberdade de seus membros e bases comunitárias.

Do ponto de vista da mudança cultural e social mais ampla, logo no que se refere a seu papel transformador e a sua transcendência histórica, os novos movimentos sociais latino-americanos — laicos e religiosos — confirmam largamente as teses clássicas da sociologia (Marx e Engels, 1848; Weber, 1920; ver ainda Domingues, 1995a, p. 155, e 2003). Continuam a ser eles o "motor da história", os introdutores de novos "modos de vida", propulsores da transformação social, em uma nova articulação entre cotidiano e história. Isso é patente no plano da cultura, na democratização paulatina e molecular das relações sociais, na direção de um individualismo democrático ou de um utilitarismo sem peias (ambos comuns nas novas religiões), de um lado, ou, de outro, na reivindicação sistemática da cidadania. Essa importância para o desenrolar da história deve ser, contudo, tratada sem nenhum recurso à teleologia: a direcionalidade — os fins e finalidades — desses movimentos é tão contingente como a dos processos históricos em que se inserem; sequer devem ser vistos os movimentos sociais como aquelas subjetividades coletivas que trazem inovações do plano da cultura para o das instituições, em uma direção progressivamente universalista e "reflexiva", como quis Habermas (1981, vol. 2). No caso latino-americano contemporâneo em particular, a contribuição dos movimentos sociais é ela mesma descentrada e seu vetor, altamente contingente, em função de sua pluralidade, metas variáveis e alianças que não são necessariamente dadas desde sempre.

Assim, gostaria de propor um breve esquema de variáveis, *lato sensu*, que deveriam ser levadas em conta para uma análise adequada dos movimentos sociais latino-americanos hoje — que serviria, na verdade, de modo mais geral à análise de movimentos sociais:

- Direcionalidade (fins/historicidade)
- Motivações
- Acesso a recursos externos
- Estrutura interna
- Nível de centramento (identidade/organização)
- Mecanismos de coordenação (redes/hierarquias)
- Condições sociais e ambiente interativo

Problemas graves persistem, todavia, se o que se põe em tela é a relação entre sociedade e estado, neste caso mobilizando-se principalmente as variáveis direcionalidade e condições e ambiente interativo. Decerto a relação dos movimentos sociais com as instituições formais da democracia não são nunca simples, mas na América Latina algumas peculiaridades podem ser discernidas nesta época pós-corporativista. Isso é claro se, brevemente, tomamos alguns exemplos atuais.

Na Bolívia, onde os movimentos sociais, na complexidade de suas alianças e de seu imaginário, vêm procurando levar à prática uma política nacional-popular e assim refundar a nação, a despeito de problemas conjunturais sérios se observa claramente um processo de transformação significativo (García Linera, 2006). Na Argentina, o contrário é verdadeiro: dispersos e fragmentados, demasiadamente concentrados na questão da autonomia e de suas lutas internas, os movimentos sociais, não obstante a profundidade da crise de 2001-2002, não lograram avançar um milímetro na refundação do sistema político, que segue congelado na reprodução de um "peronismo infinito", cujas inclinações — dúbias, de fato — à esquerda complicam ainda mais a situação (Svampa, 2006). No Brasil, os movimentos sociais foram efetivamente fortes nos anos 1970-80 — época do surgimento do Partido dos Trabalhadores (PT). A política do governo Lula vinte anos depois, muito moderada, decerto é em parte explicada por essa defasagem; mas o que apresenta de positivo tem com certeza muito a ver com a herança que lhe deixaram as mobilizações sociais das quais muitos anos depois emergiu (ver o capítulo 8 deste livro). Já na Venezuela, onde os movimentos sociais são fracos, o que encontramos, sob as vestes do "socialismo do século XXI", é um tipo de "cesarismo progressista" (Gramsci, 1929-35, vol. 3, p. 1.619-20) que tenta operar modificações de cima para baixo, com compromissos democráticos dúbios (como de resto são também os da oposição). O destino do chavismo talvez seja o mais incerto desses quatro casos, uma vez que, se não caracteriza um "equilíbrio de forças" propriamente, suas perspectivas, por assentar em um vazio de mobilização popular, podem terminar sendo igualmente "catastróficas". Nada garante, contudo, que movimentos sociais fortes e em aliança com partidos de esquerda ou centro-esquerda sejam capazes de realizar mudanças mais amplas, caso a resistência dos setores dominantes seja ferrenha. Isso é o que se pode ver claramente no processo político mexicano contemporâneo, com um "transformismo" conservador mantendo o controle do sistema político sem nenhuma demonstração de que buscará efetivas acomodações daqui para a frente (Giordano, 2006).

Busquei, neste breve artigo, apresentar em largos traços os movimentos sociais mais importantes na América Latina contemporânea, situando-os dentro do que defini como a terceira fase da modernidade. Propus alguns instrumentos analíticos que poderiam nos permitir uma compreensão mais sistemática e rigorosa de sua estruturação e alcance social, político e histórico. Embora se fale e escreva muito sobre movimentos sociais hoje no subcontinente, teoricamente a discussão ainda é sobremaneira pobre; e, no Brasil, é simplesmente inexistente de qualquer ponto de vista, mercê, em parte, de seu declínio relativo nos últimos quinze anos. Os modelos europeus e norte-americanos mostram-se problemáticos em si e distantes em geral dessa realidade regional. É, portanto, preciso avançar na direção de superar essas limitações. Para isso, bem como para a compreensão de seu potencial transformador imediato, este artigo espera haver de alguma forma contribuído.

CAPÍTULO 7 Instituições formais, cidadania e autonomia no Brasil contemporâneo*

---

*Publicado em *Lua Nova*, n° 66, 2006.

INTRODUÇÃO

As formações sociais contemporâneas têm se caracterizado por mutações profundas em suas formas de sociabilidade. A pluralização das identidades, o individualismo, as novas formas de conceber e praticar a solidariedade social, o surgimento de novos movimentos sociais e culturais são os aspectos mais salientes e plenos de sentido em que se pode localizar essa transformação de largo alcance. As instituições formais republicanas sofrem por toda parte o impacto profundo dessas transformações, com o que se apresentam impasses, inovações e necessidades a serem atendidas, se o objetivo é que instituições formais estatais e cidadania não vivam em mundos crescentemente apartados. Afinal, boa parte das instituições republicanas sobre as quais se alicerça a democracia contemporânea (fundamentalmente liberal, porém sobretudo na Europa bastante influenciada ainda pelo compromisso socialdemocrata do segundo pós-guerra do século XX) foi gerada tendo em vista estruturas sociais pronunciadamente distintas das atuais. Em que medida o Brasil participa deste processo? Se o faz, crença que articula este texto, em que medida suas instituições formais se mostram aptas a responder a esse desafio? Em que medida, por outro lado, problemas antigos desse encaixe entre sociedade e estado se repõem ou são superados, seja no plano da representação, em seus diversos níveis, seja no plano da implementação das políticas públicas?

Este texto terá como objetivo sugerir respostas a essas perguntas, embora seja a rigor mais prospectivo que uma abordagem empírica e normativa do problema. O que não quer dizer que não seja analiticamente orientado ou, menos ainda — ao contrário —, que não parta das transformações concretas para exatamente perseguir possíveis soluções democráticas para as novas questões assim engendradas. Para lograr aquele objetivo, faz-se portanto necessário inicialmente delinear a natureza e aquilatar a extensão daquelas mudanças. A sessão a seguir ocupar-se-á dessa tarefa. A seguinte tratará da articulação entre as instituições formais e a cidadania. Uma breve conclusão inquirirá sobre outras possibilidades de desenvolvimento institucional possíveis.[1] Não se trata de uma perspectiva normativa, porém sim de inquirir sobre impasses e localizar alternativas que neste momento podem ainda mostrar-se de maneira incipiente. O núcleo do artigo aponta para a possibilidade da formação de uma "solidariedade complexa" no Brasil contemporâneo.

NOVAS SOCIABILIDADES E A AUTONOMIA DOS SUJEITOS

O século XX assistiu a uma enorme transformação da sociedade brasileira, naquilo que se pode classificar como um processo de "modernização conservadora". Inicialmente a grande propriedade fundiária manteve-se intocada, mas a dialética do processo de modernização enfim a alcançou. Ao completar-

---

[1] Os argumentos aqui dispostos se apóiam em parte em Domingues, 2002a.

se esse processo, portanto, nas últimas décadas daquele século, a população brasileira se via livre das amarras das formas de dominação pessoal, livre assim para vender sua força de trabalho e, dentro dos limites de uma sociedade de classes bastante autoritária e de pobreza disseminada, organizar a sua vida como bem entendesse. Isso implicou a possibilidade de construção de identidades de caráter muito mais "eletivo" que anteriormente, bem como a construção de laços de sociabilidade também de livre escolha em grande medida. Em alguns núcleos industriais importantes do país, a identidade operária se firmou e organizações sindicais ajudaram a organizar a vida desses trabalhadores, que assim se viam integrados, ademais, a um projeto de país em que, de uma maneira ou de outra, eram assinalados como atores fundamentais. O corporativismo foi por muitos anos inclusive o padrão institucional que garantiu a inclusão e o controle dessa parcela da população. Outros permaneciam como meros pobres, rurais ou urbanos, mais ou menos à margem do mundo oficial, no caso dos analfabetos, impedidos inclusive de participar das instituições "poliárquicas" (para usar a expressão de Dahl) — isto é, democráticas por contarem com eleições em larga medida livres e com a possibilidade de expressão e debate de opiniões igualmente amplas, porém sem que o topo da pirâmide seja de acesso generalizado ou direto, de fato incluindo um sistema de dominação por parte dos grupos político-administrativos, o que autores de correntes mais realistas (desde Weber) vêem assinalando, para não falar de sua ligação com as classes mais poderosas do capitalismo brasileiro e internacional. As instituições poliárquicas brasileiras — isto não obstante e em que pese a vigência de ditaduras militares nesse período — foram pouco a pouco se firmando e afirmando o que se poderia chamar de "dialética do controle" entre governantes e governados, entre aqueles que "dominam", no sentido forte do termo, as instituições políticas e a cidadania em geral.[2]

A transição para a democracia a partir do início dos anos 1980 foi em parte o fechamento definitivo daquele ciclo de modernização conservadora — estando então garantida a liberdade dos indivíduos e grupos, além do acesso da quase totalidade da população, agora inclusive os analfabetos, àquelas instituições poliárquicas, tendo lugar também o fim do arranjo corporativo vigente até então. Podemos dizer que a consecução do processo de modernização conservadora levou a um desencaixe generalizado dos sujeitos, uma vez que foram lançados no plano nacional sem mais restrições à sua movimentação ou laços de subordinação e identidades rígidas localizadas em um espaço-tempo fechado. A cidadania, elemento-chave daquele universo poliárquico, se apresentou assim, para todos, não obstante restrições severas no plano civil, por exemplo, como o reencaixe identitário fundamental, individual e coletivamente. Como, aliás, sói acontecer na modernidade de forma geral.

Ao mesmo tempo, uma significativa mutação social começava a se processar, nos planos da identidade e das práticas sociais, internamente assim como sob a influência de fatores externos. Uma individualização crescente da vida social por um lado se processava, ligada em parte ao declínio das identidades de classe (calcado em transformações reais dos sujeitos sociais no Brasil, mas também na perda de adesão global à idéia de que uma classe operária unificada fazia sentido e podia ter ademais um papel histórico especial), à emergência das mulheres como sujeitos mais autônomos, a uma crescente

---

[2]Ver Giddens, 1985, para esse feixe de conceitos.

independização dos jovens e à redução relativa da população rural (ela mesma em grande medida já muito distinta daquela que conhecemos há alguns decênios). Por outro lado, uma necessidade de reencaixes coletivos menos abstratos que aquele oferecido pela cidadania se apresentou. Combinado à liberdade de movimentação dos sujeitos e à falta de uma identidade englobante mais forte, esses reencaixes se afirmaram como de caráter plural. Essa complexidade ocasiona uma perda de eficácia relativa das instituições tradicionais dos sistemas poliárquicos, assim como de outras expressões da modernidade política, como o corporativismo e o neocorporativismo.

CIDADANIA E SISTEMA FORMAL

Desde a chamada "Revolução de 30" até o final da ditadura militar em meados dos anos 1980, um dos elementos fundamentais que articulavam a população ao estado e suas instituições formais era dado pelo corporativismo, embora para muitos as instituições da poliarquia, sobretudo através do sistema eleitoral e do Judiciário, tivessem em muitos momentos um papel decisivo a cumprir. Outros simplesmente permaneciam excluídos desse universo, imersos em formas de dominação pessoal no campo, que se estendiam às periferias geográficas e sociais dos centros urbanos, onde corporativismo e poliarquia vigiam com pesos variáveis entre esses dois momentos. Após este sistema haver entrado em colapso, o que solda cidadãos e estado hoje?

De início é mister esclarecer que não se trata de um problema atinente apenas ao Brasil. Em todo o mundo este tipo de questão demanda atenção de cientistas sociais e dos construtores de instituições. O fim do arranjo neocorporativo na

Europa e uma crescente pluralização social têm gerado graves problemas de coordenação e solidarização social naquele continente. Quem representa o quê, ante quem, se as identidades são heterogêneas e os movimentos sociais menos centralizados, ao mesmo tempo que as esferas públicas se pluralizam e setorializam (Streeck e Schmmitter, 1991; Eder, 2001)? O que fazer se a resposta a isso aparece por exemplo na atuação de um poder Judiciário que tende a ocupar na sociabilidade e na política um espaço para além do que seria democraticamente razoável (Garapon, 1996)? No restante da América Latina isso é ainda mais gritante, por exemplo na Argentina, com o surgimento de movimentos sociais — em particular os piqueteiros — bastante distintos do tradicional peronismo sindical, com seu corte também corporativista; ou no México, com a perda em grande medida do controle — também baseado no corporativismo — do Partido Revolucionário Institucional (PRI) sobre os movimentos sociais, ainda que aí o corporativismo sobreviva com mais viço, dado seu acordo com as forças políticas originalmente emergentes à direita do PRI, como o Partido Ação Nacional (PAN). Em ambos estes países, uma resposta importante à crise e declínio do corporativismo tem sido dada por formas variadas de clientelismo, embora outras formas de relação entre estado e sociedade venham sendo ensaiadas por alguns movimentos sociais (ver por exemplo Maneiro, 2006). De todo modo, esses ensaios se dão a partir da pluralização dessas coletividades e da articulação, por agregação em grande medida, de suas demandas e propostas, antes que desde o ponto de vista de uma coletividade principal já dada, como em algum momento operou a classe operária tradicional, ou pelo menos o que aqueles que pretendiam representá-la apresentavam como seus interesses e propostas (ver Rodriguéz Garavito, Barret e Chávez, 2005).

Há, evidentemente, algo de muito positivo no ocaso do corporativismo, uma vez que ele implicou em grande medida um controle autoritário sobre os sindicatos e a população em geral. Mas, se uma autonomização importante dos movimentos sociais teve lugar, o que dizer da construção da solidariedade social, da representação de interesses e dos pontos de contato entre estado e sociedade? Sem dúvida, uma perspectiva revolucionária, que aposta em uma ruptura total do modelo moderno-capitalista de sociedade, não deveria se importar com este tema, pois lhe interessaria somente a agudização dos conflitos sociais. Se não compramos a idéia de que hoje o socialismo propriamente dito seria possível (não obstante, a menos a meu ver, ser nele que a modernidade encontraria a realização de seus principais valores), faz-se necessário então apostar em uma nova configuração da cidadania, da socialdemocracia, dos laços de solidariedade social, da representação de interesses dos diversos e pluralizados setores e movimentos sociais. As instituições tradicionais da poliarquia decerto contribuem nessa direção, como o fizeram ao longo da história moderna. O Brasil em particular, hoje, apresenta inclusive alguns elementos interessantes de aprofundamento de algumas dessas instituições poliárquicas — ampliação da participação eleitoral, assim como de demandas e possibilidades de fortalecimento e abrangência do sistema judiciário (Nicolau, 2004; Vianna, 2002). O problema é que, por definição, essas são instituições onde o cidadão comparece, com exceções que em geral não passam pela auto-representação (como a defesa dos direitos difusos pelo Ministério Público), enquanto indivíduo. Ou seja, interesses coletivos (em sentido lato, não exclusivamente pecuniários e/ou auto-referidos) e auto-sustentados não têm espaço nesse sistema de representação de corte, apesar de tudo, liberal clássico.

O republicanismo clássico — e mesmo a perspectiva social-democrata liberal de Marshall (1950) — tende a tomar a sociedade como um agregado de indivíduos, os quais são percebidos, na face que importa à república, como absolutamente *homogêneos*. Direitos universais referir-se-iam a cidadãos cujas diferenças concretas não interessavam. Inspirado na divisão marxiana entre *citoyen* (potencialmente universal, o que se dá na prática com o fim do voto censitário, baseado na renda ou em posses) e *bourgeois*, que ocultava os interesses concretos deste último, articulei a noção de cidadania com a de abstração real (expressão luckasiana), em que seus portadores são tomados como indivíduos sem qualidades específicas (Marx, 1844; Domingues, 2002a, caps. 3-4).[3] O corporativismo de fato foi além disso e já reconhecia — e tratou de regular — coletividades sociais, de classe e profissionais (Vianna, 1976; Santos; 1979). Nesse sentido, foi sem dúvida doutrina inovadora no século XX, em uma sociedade contudo ainda não tão complexa quanto a atual. Esta, em sua pluralização de identidades, individuais e coletivas, demanda que se vá além do corporativismo, porém também do republicanismo tradicional, em que a uma sociedade relativamente simples correspondia, mediante ao fim e ao cabo a universalização dos direitos, uma solidariedade também relativamente simples, conquanto inclusiva.

É aqui que deve intervir uma nova perspectiva. Pois, a despeito de seus traços autoritários, o corporativismo teve o

---

[3]Vale agregar a isto a *passividade* implicada pelas abstrações reais, do que o aspecto *instituído* da cidadania compartilha, conquanto o oposto seja verdadeiro quanto a seu aspecto *instituinte*, que se funda nas lutas sociais.

APROXIMAÇÕES À AMÉRICA LATINA

mérito de avançar para além de interesses individuais e buscar organizar a cidadania de forma a que suas identidades e interesses coletivos se expressassem e gerassem solidariedade e participação sustentada. Esta não se resumiria a períodos eleitorais, nem se estiolaria na perseguição de metas particularistas, incluindo também a participação em pelo menos alguns dos processos administrativos, para além da representação e da deliberação.[4] Ao esgotamento desse arranjo se somam os impasses dos partidos políticos hoje, uma forma também clássica de organizar projetos coletivos, a qual se encontra igualmente desgastada, dada a própria complexificação da vida social, que dificulta a expressão dessas identidades e interesses coletivos de forma organizada, assim tornando as agremiações partidárias crescentemente um mero aparelho para ação das burocracias e dos políticos profissionais. Isso ocorre no Brasil e nos demais países latino-americanos, reproduzindo fenômeno mais geral da civilização moderna contemporânea (Cavarozzi e Abal Medina, 2002; Santos, 1988, cap. 4). O seu destino não é totalmente claro ainda, mas dificilmente serão instrumentos fortes o bastante para organizar a cidadania; por outro lado, decerto serão apenas parciais na mediação entre sociedade e estado.

Isto posto, parece-me claro que é preciso avançar em alguma outra direção. A evolução da modernidade, elevando a complexidade social e tornando a sociedade — inclusive a brasileira — mais heterogênea e mais opaca para o estado, demanda novas respostas do ponto de vista político e das instituições.

---

[4]Não incluir esse aspecto me parece ser o limite de propostas que apontam para a noção de "democracia deliberativa", ainda que os avanços que tais práticas propõem sejam de óbvia relevância para superar os problemas aqui assinalados. Ver Avritzer, 2002.

Novos desenhos institucionais podem e devem ser pensados a partir desse ponto de vista.

Tanto o corporativismo clássico como o neocorporativismo europeu socialdemocrata basearam-se em mecanismos hierárquicos — com a coordenação da ação social realizando-se mediante comandos verticais. A crescente autonomização das pessoas e das coletividades (a ampliação de sua liberdade de ação e movimento, a despeito de desequilíbrios gritantes para exercê-la e a manutenção de duros sistemas de dominação) implica que identidades e interesses não só se pluralizam como também se torna mais difícil, se não impossível, controlá-los de cima para baixo. De forma geral, nos pontos em que demandas variadas surgem e a criatividade social se exerce de maneira sustentada ou episódica, são os mecanismos de *rede*, baseados na *colaboração voluntária*, que têm proporcionado novas formas de coordenação da ação social e a articulação, em planos mais concretos, da solidariedade social. Experiências do Judiciário e de ramos dos executivos em diversos planos (da segurança pública à requalificação profissional, da gestão de recursos públicos à implementação de programas culturais) indicam um caminho promissor nesse sentido, ao articular estado e movimentos sociais e culturais (Vianna, 2002; Coelho e Nobre, 2005).

O problema aqui é que, de modo geral, essas redes entre estado e sociedade abarcam setores relativamente reduzidos da população. Isso é verdadeiro no que tange a sua abrangência hoje, pois esse mecanismo não se generalizou ainda como talvez fosse mais adequado; tampouco, em si, dá ele resposta a todas as questões. Isso ocorre porque, exatamente por focarem-se em interações concretas e subjetividades particulares, dando conta de problemas específicos, essas experiências de articulação entre estado e sociedade dificilmente teriam a

APROXIMAÇÕES À AMÉRICA LATINA

capacidade de cobrir um espectro mais largo e mais abstrato da sociedade, dando conta de questões mais gerais.[5] Abordagens universalistas, portanto, devem manter-se no que se refere às instituições formais. Os desenhos poliárquicos e republicanos clássicos — que a meu ver devem obviamente ser pensados incluindo não apenas os direitos civis e políticos, mas também os sociais — têm que se impor paralelamente à proliferação das redes de coordenação entre estado e sociedade. A incorporação da população à institucionalidade formal deve passar assim por essas duas dimensões. Combinadas, elas podem contribuir para gerar o que se poderia chamar de uma *solidariedade complexa.*

Reencaixes mais concretos e reencaixes mais abstratos, formas de coordenação mais particulares e formas de coordenação mais gerais se articulariam de modo a responder, de um ponto de vista institucional-formal, mas também incorporando, em seu maior particularismo e concretude, instituições de caráter informal, à complexidade acrescida da vida social contemporânea, nela incluída a dinâmica social do Brasil do século XXI. A expressão de interesses e demandas, realizada de forma autônoma, não precisaria perder-se no mero conflito com os aparelhos de estado ou na auto-satisfação de movimentos que terminam por circunscrever-se ao jogo de sua própria identidade, quando não acabam meramente cooptados. É a esta dinâmica social, e mediante esses mecanismos, que responderia a complexificação também da solidariedade social. Nem o retorno a um estado social-democrata tradicional — sonho de muitos na esquerda desiludidos com o

---

[5] A exceção aqui talvez seja a esfera pública, na qual uma solidariedade complexa se tece, baseada tanto nas redes quanto nas hierarquias e nos mercados, para além de uma pura ação comunicativa como quereria Habermas.

marxismo revolucionário, embora continuem a utilizar-se de sua linguagem — nem as falácias do neoliberalismo e sua crença em um possível retorno ao mercado como senhor absoluto da vida social — com o auxílio apenas de um estado mínimo, o que não se verifica sequer nos países onde logrou hegemonia. Um redesenho criativo das instituições formais brasileiras é o que parece ser mais favorável à democracia e ao desenvolvimento do país.

PALAVRAS FINAIS

A modernidade emergiu configurada, ao menos idealmente, como uma sociedade de indivíduos atomizados e livres, que encontravam no estado o lócus e o agente da paz entre eles. A crise da primeira fase dessa modernidade liberal, na virada do século XIX para o XX, levou a uma sociedade em que o papel do estado aumentou, ao mesmo tempo que as grandes coletividades sociais — em particular os trabalhadores organizados — eram reconhecidas e assimiladas na construção de uma solidariedade mais ampla e inclusiva. Uma crise se seguiu sem tardar ao apogeu, nos anos 1950-60, dessa fase da modernidade, estatalmente organizada: os anos 1970-80 viram o esgotamento do modelo do Estado do Bem-Estar social, do keynesianismo, do corporativismo bem como do neocorporativismo, e do nacional-desenvolvimentismo, que se mostraram incapazes de lidar com a complexificação da vida social.

A esta altura a crise foi já superada e, em meio à instabilidade inerente a este tipo de formação social, desdobram-se os elementos de uma terceira fase, que chamei alhures de "modernidade de articulação mista" (Domingues, 2002a, cap. 8). Nesta, ou reconstruímos os laços sociais de solidariedade, processo em que a remodelagem das instituições formais é decisiva, ou a fragmentação, a irresponsabilidade e a violência tendem a imperar. Uma outra solução, aquém da reconstrução dos laços solidários, é o modelo norte-americano de violenta repressão policial e generalizado encarceramento das populações que não se vêem atendidas pelo mercado capitalista (como trabalhadores e/ou consumidores), no caso dos Estados Unidos, populações predominantemente negras. Não seria possível, naquele país, o estado, em conjunto com as lideranças dos amplos setores negros da sociedade, democrática e colaborativamente, logo com mais legitimidade, buscar projetos que evitassem a aplicação daquele modelo? Creio que sim, mas então se trata de opções de cunho clara e diretamente político.

A terceira fase da modernidade está aberta a disputas, assim como estiveram as duas outras anteriores. Populações mais livres e plurais tendem a ser mais difíceis de tratar, pois aceitam menos o tacão do comando hierárquico. Para incorporá-las são necessários reconhecimentos identitário e de suas demandas, assim como processos concretos capazes de dar-lhes voz organizada e de processar expectativas e reivindicações. O dilema socialismo ou barbárie parece não estar mesmo na ordem do dia. Se ao tipo de solidariedade social visado por aquele não se abre muito espaço neste momento, a ameaça desta última nem por isso se faz menos real. Seria difícil exagerar a importância das instituições democráticas formais renovadas no sentido de evitar que venha a prevalecer. Elas têm papel crucial a cumprir no estabelecimento de formas avançadas e necessárias de solidariedade complexa contemporaneamente.

Assim, se queremos avanços democráticos e participativos em uma república de cidadãos livres e plurais, parece-me imprescindível construir alternativas na direção que busquei acima sugerir. Desta forma, uma solidariedade social complexa, inclusiva e voltada para a liberdade, talvez possa firmar-se e ampliar o exercício da cidadania para além do republicanismo e do liberalismo entre nós.

CAPÍTULO 8   O primeiro governo Lula:
um balanço crítico*

---

*Versão ligeiramente reduzida publicada em *Problèmes d'Amérique Latine*, vol. 63, 2006-07. Finalizado em 1/11/2006.

INTRODUÇÃO

O século XX brasileiro foi marcado por profundos processos de mudança social. De uma sociedade agrária atravessada por formas de dominação pessoal, o país passou a uma sociedade urbano-industrial mediante um processo de modernização conservadora. Esta, que inicialmente mantinha a subordinação das grandes massas de trabalhadores rurais aos latifundiários — eles também pouco afetados diretamente pela modernização em curso —, concluiu-se nas últimas décadas do século.

A ditadura militar vigente de 1964 a 1985 foi o canto do cisne do bloco de poder industrial-latifundiário que não mais conseguia se reproduzir por meios mais ou menos democráticos. A emergência das grandes massas rurais e agora sobretudo urbanas, livres daquelas formas de dominação pessoal, alterava totalmente o panorama político do país. Quem poderia imaginar que um milhão de pessoas tomaria as ruas do Rio de Janeiro e dois milhões as de São Paulo, na campanha pelas "Diretas já!"? Apenas um regime "poliárquico" poderia incorporar politicamente essas massas populares, a cujos desejos e demandas a repressão política ou a incorporação tutelada vigente em períodos anteriores já não servia como resposta. A transição democrática constituía um imperativo da nova situação, frustradas as expectativas de auto-reforma do regime autoritário. Nesse contexto surgiu o Partido dos Trabalhadores (PT), tendo Luís Inácio Lula da Silva como sua principal liderança.

Primeiramente, portanto, uma breve reconstrução da trajetória desse partido e uma análise das transformações da sociedade brasileira são necessárias para que se possa entender o primeiro governo Lula (2002-2006) em perspectiva mais ampla, para além do cotidiano anedótico que costuma estar no centro das análises de conjuntura feitas sobre a política brasileira hoje.

O PT E A LIDERANÇA DE LULA

Até o fim dos anos 1970 o Partido Comunista Brasileiro (àquela altura denominado PCB) fora hegemônico na esquerda. Não obstante seu papel central na organização da frente democrática que derrotou a ditadura, à volta de seus líderes do exílio correspondeu o declínio irreversível do partido, mercê da falta de visão estratégica de suas lideranças, da destruição em particular de suas bases operárias pelos militares e das destrutivas lutas internas que o esfacelaram. E era exatamente nesse momento que despontava uma classe operária mais livre, ruidosa e combativa, cujas lideranças sindicais buscavam desaguadouros políticos para suas aspirações de democracia e justiça social (Vianna, 1988). Uma clara ruptura histórica na esquerda brasileira e nas alianças de classe no país ocorreria então.

Fundado em 1979, o PT surgiu da confluência de um conjunto de forças. A mais visível e combativa era o chamado "no-

APROXIMAÇÕES À AMÉRICA LATINA

vo sindicalismo", que se baseava em uma nova classe operária (sobretudo da região metalúrgica do ABC paulista, onde se encontravam as grandes montadoras da indústria automobilística, os petroleiros da estatal Petrobras e a, naquela quadra, enorme massa de trabalhadores bancários), e se opunha ao sindicalismo que sobrevivera dentro da estrutura corporativa estabelecida na década de 1930. Lula era então presidente do Sindicato dos Metalúrgicos de São Bernardo do Campo, o principal dirigente sindical do país e grande expoente dessa corrente, que incluía também Luís Gushiken, figura decisiva na trajetória do PT, a partir do Sindicato dos Bancários da capital paulista. Extremamente importante também era a Igreja Católica em suas correntes sociais e de esquerda, em particular aquelas ligadas à Teologia da Libertação e às Comunidades Eclesiais de Base. Muitos intelectuais socialistas e militantes políticos oriundos da luta armada, dentre os quais aquele que se tornaria o homem forte do governo, José Dirceu, se juntaram ao esforço de construção do partido (Keck, 1992; Sarti, 2006, cap. 3).

Recusando um programa claramente definido, o PT argumentava que o socialismo seria uma invenção concreta da classe operária (com Lula não se definindo abertamente como socialista). Em grande medida era a própria movimentação em prol de um partido e de sua construção, além da figura marcante e simbólica de Lula, o que mantinha o projeto do PT andando e suas correntes múltiplas em união, assim como uma rejeição geral ao *status quo*, inclusive oposicionista. Se descartava um curso revolucionário, mas também a política de alianças típica dos comunistas ou um movimento de tipo nacional-popular (cf. Touraine, 1988), a indefinição de seu discurso repetia de certa forma o caráter difuso das propos-

211

tas destes últimos em toda a América Latina (o que foi, de resto, instrumental posteriormente para a eleição de Lula e cada vez mais durante seu mandato).

Na década seguinte, o PT cresceu e conquistou posições nos legislativos. Mas já em 1985 problemas se manifestaram por ocasião da eleição de Tancredo Neves pelo Colégio Eleitoral, processo que marcou o fim do regime militar — os deputados do PT que decidiram comparecer à votação foram expulsos da agremiação. O PT teve importante participação na Assembléia Nacional Constituinte instalada após a derrota do regime militar, embora seus parlamentares se recusassem assinar a Constituição de 1988. O partido foi paulatinamente conquistando prefeituras e inclusive executivos estaduais, sempre com duas bandeiras centrais, condensadas no slogan do "modo petista de governar": a da ética na política, a anticorrupção, e a da participação popular, que se expressou em geral na idéia de Orçamento Participativo. Do ponto de vista da estratégia política, era muito clara a sua opção: propor-se como força única e exclusiva, autêntica e popular, ética e democrática. Isso implicava uma recusa a firmar alianças, à exceção por vezes com outras forças de esquerda (como o Partido Comunista do Brasil — PCdoB, outrora um racha do PCB que resistiu à denúncia do stalinismo, sabendo porém renovar suas lideranças nos anos 1980 e manter sua coesão); ao fazê-lo, por outro lado, exigindo sempre a cabeça de qualquer coligação.

Lula concorreu em três eleições antes de chegar à presidência. Nas duas primeiras — contra Fernando Collor de Mello e Fernando Henrique Cardoso — sustentou uma posição claramente à esquerda, com o aconselhamento inclusive equivocado dos economistas de seu partido, que asseveravam que o Plano Real lançado por aquele último, enquanto ministro, estava condenado a um rápido fracasso. Na primeira, por pouco não foi vitorioso, na segunda, disputou com o candidato do Partido da Social Democracia Brasileira (PSDB), que acabaria eleito no primeiro turno. Enquanto isso o PT avançava nas prefeituras e governos estaduais, com práticas que mais à frente singularizarei. Na terceira eleição, com um eleitorado temeroso das conseqüências de uma possível *débâcle* do real (que se manteve sobrevalorizado pelo então presidente Cardoso até logo após as eleições), a derrota foi menor mas também no primeiro turno. Na quarta, enfim, Lula alterou fortemente seu discurso, compôs com as coletividades dominantes, em particular com o capital financeiro, e logrou chegar à presidência.

Para esse desfecho, contudo, o controle do PT lhe foi fundamental. Em particular a figura de José Dirceu na presidência e à frente da máquina partidária foi decisiva, garantindo autonomia para sua tesouraria, controlando e subordinando as tendências mais à esquerda. A chamada "Articulação" ou "Campo Majoritário", posteriormente, imperava como a tendência mais forte de um partido sempre dividido por lutas internas que se formalizavam em grupos com nomes, programas e lideranças próprias. A candidatura de Lula e a perspectiva do poder Executivo nacional eram o que unificava um partido no qual fortes diferenças e ressentimentos profundos vicejavam já havia algum tempo.

UM NOVO BRASIL

De fins dos anos 1970 a 2002 o Brasil mudou enormemente. Em particular as bases sociais sobre as quais o PT se assentara se alteraram drasticamente; além disso, o projeto de país que desde os anos 1930 impulsionara a sua modernização se esgotara, sem que alternativas claras se apresentassem.

A partir de 1982 e ao longo de toda a década, a situação econômica brasileira se deteriorou fortemente. Dívida externa alta, com uma moratória durante o governo de José Sarney; inflação galopante e desestruturante das relações sociais, à qual também o governo Sarney, tendo à frente o ministro Dílson Funaro, tentou combater com o plano Cruzado, sem sucesso (o qual todavia deu uma vitória eleitoral absoluta ao Partido do Movimento Democrático Brasileiro — PMDB, logo caracterizada como estelionato eleitoral, pois o plano já caducara, sendo seguido de mais uma crise recessiva e inflacionária e pelo plano Bresser, tampouco eficaz). Surfando na onda dos insucessos governamentais, o PT se fortalecia e aumentava seu cacife eleitoral (ver Sader, 2003, p. 131-96, também para outros desdobramentos adiante).

Mas este era um aspecto apenas da situação em que o desenvolvimento calcado nos modelos da Comissão Econômica para a América Latina (Cepal), protecionista e baseado na substituição de importações, com o estado cumprindo papel importante na geração de demanda e como mobilizador da sociedade, não se mostrava mais operativo, a despeito dos esforços para revivê-lo. Tal modelo de acumulação se mostrava incapaz, em toda a América Latina — que atravessou o que se chamou de "década perdida" —, numa conjuntura ademais de pouca liquidez internacional, de manter um cresci-

APROXIMAÇÕES À AMÉRICA LATINA

mento econômico sustentado (garantindo a ampliação do mercado interno) e a inflação no patamar histórico de um ou dois dígitos, além de superar os gargalos de sua balança de pagamentos, devido às crescentes importações de produtos de maior tecnologia que o modelo ao fim e ao cabo implicava (Marques-Pereira e Théret, 1999). Em particular esgotara-se o esquema de sua última fase, a da ditadura militar, em que funcionara um tripé formado pelo estado, as multinacionais e as grandes empresas nacionais privadas (Evans, 1980). O keynesianismo se retirava de cena internacionalmente, substituído por um novo modelo — o neoliberal, que pregava a desregulamentação econômica, do comércio exterior às relações trabalhistas, passando pela privatização das empresas estatais e dos serviços públicos. Mais que isso, grandes mudanças ocorriam nos sistemas econômicos dos países avançados, com grande impacto no Brasil a médio prazo. Por um lado, tratava-se do fim da era fordista, das grandes companhias verticalizadas, em favor do que veio a ser conhecido como pósfordismo, implicando terceirização, *just in time*, toyotismos, redução e qualificação superior da força de trabalho etc. (*Dados*, 1996, Domingues, 1999b, e Carneiro, 2002).

A primeira diz respeito a um encolhimento da classe operária devido aos avanços no processo produtivo, levando à automação e ao aumento da produtividade do trabalho. O mesmo ocorreu com o sistema bancário. As bases históricas do PT no sindicalismo se viam assim erodidas. Por outro lado, globalmente os avanços em microeletrônica implicaram um novo padrão de acumulação do capital — para além do poder crescente e destrutivo do capital financeiro. Diante disso o modelo de substituição de importações pouco podia oferecer — a lei que garantia a reserva de informática no Brasil, especialmente ao ter seus itens que obrigavam as empresas a investirem em pesquisa vetado por Sarney, foi um sucedâneo breve e ineficaz das reservas que protegiam outros setores da economia nacional. Daí também, a médio prazo, mutações sociais profundas derivariam, impondo ao Brasil, para além dos efeitos de recessões conjunturais, um tipo permanente de desemprego estrutural, que se somava ao que os países latino-americanos de longa data conheciam. Resultaria dessas transformações uma classe trabalhadora muito mais dispersa e desorganizada, que atribuía primazia a uma multiplicidade de outras subjetividades coletivas (possibilidade aliás entrevista pelo próprio Marx) e cuja identidade de classe enquanto tal seria além de tudo no mínimo pouco específica.

Enfim, a agricultura brasileira se modificava radicalmente. Se a conclusão da modernização conservadora era sinônimo de urbanização, também aqueles que permaneciam no campo inseriam-se agora em sua maioria em atividades assalariadas. Formas "tradicionais" permaneceram vigentes em algumas regiões, incluindo mesmo trabalho forçado. Porém, de modo geral, o desenvolvimento capitalista do último quartel do século XX tendeu a eliminar a figura do camponês submetido a formas pessoais de dominação e exploração. Firmou-se uma potente agroindústria. Uma grande massa de trabalhadores livres — no duplo sentido que Marx e Engels atribuíram ao termo — povoava agora a vasta extensão do território nacional. Uma pluralização das identidades, em função do declínio da classe trabalhadora como pólo aglutinador identitário, vem se operando, embora a noção de fazer parte da população "pobre" brasileira seja talvez tão importante quanto as identidades mais parciais, com freqüência religiosas, que hoje se multiplicam (Sorj, 2000; Santos e Silveira, 2004; Domingues, 1999a, cap. 5, e 2002b).

APROXIMAÇÕES À AMÉRICA LATINA

A derrota de Lula para Collor em 1989 abriu passagem para outras transformações cruciais. Em seu breve governo (interrompido por um *impeachment* após massivas manifestações de rua que tiveram lugar com a constatação da existência de uma verdadeira quadrilha voltada para a corrupção, dominada pelo presidente e seu braço direito, Paulo César Farias), Collor tentou responder aos desafios da inflação, bem como ao esgotamento do modelo de substituição de importações. Seu plano econômico, confiscando as economias da classe média, logo se revelou um desastre. Todavia, a abertura da economia à competição de produtos importados, encerrando décadas de proteção abruptamente, e a privatização de empresas estatais lançaram o Brasil na trajetória do neoliberalismo e do chamado "Consenso de Washington".

Se seu sucessor, o vice-presidente Itamar Franco, congelou o processo — embora o Plano Real incluísse abertura econômica, a paridade com o dólar e uma baixa forçada e permanente de preços como método de controle da inflação —, os anos seguintes o aprofundaram. Os dois mandatos de Cardoso como presidente levaram a cabo inúmeras privatizações, uma impopular reforma da Previdência Social, restrições brutais aos investimentos do estado na economia e a inícios de reformas da legislação trabalhista no sentido de liberalizá-la. Como afirmou em seu primeiro discurso de posse, cumpria enterrar a "Era Vargas". A própria burguesia industrial paulista foi hostilizada durante toda a era Cardoso, dominada pelos adventícios das privatizações e pelo capital financeiro. Entretanto, foi se afirmando na opinião pública a idéia de que a situação de pobreza e miséria das grandes massas de um país titular dos piores índices mundiais de desigualdade era indecente e insuportável.

Ao largo desta conjuntura o PT foi se fortalecendo, na gestão das prefeituras, na implantação do Orçamento Participativo, em alguns governos estaduais importantes (sobretudo no Rio Grande do Sul e no Acre) e na oposição às privatizações e reformas neoliberais, com grande articulação com os movimentos sociais. Em particular, obviamente, com a Central Única dos Trabalhadores (CUT), fundada pelos sindicatos dos quais também se originou o PT, porém nessa conjuntura de recessão e desemprego crescente vendo-se um tanto enfraquecida; e com o Movimento dos Trabalhadores sem Terra (MST). Muitos militantes do PT, contudo, tinham agora pouco a ver diretamente com os movimentos sociais, que, de modo geral, a rigor declinaram durante todos os anos 1990; outrossim, empregaram-se em organizações não governamentais (ongs), as quais se multiplicaram no mesmo período. Deve-se observar ainda que a questão do socialismo já se punha de outra maneira, pois o que isso queria dizer no mundo contemporâneo era pergunta que o PT já pusera de lado, com a exceção de algumas de suas tendências mais à esquerda. O pragmatismo passou a dominar o partido de modo radical.

AS ELEIÇÕES DE 2002

A condução dura de Dirceu na presidência do PT, garantindo agora um campo majoritário que apoiava o veloz deslocamento da agremiação para o centro do espectro político, solucionava o primeiro problema de um Lula mais uma vez candidato, porém mais cansado e escaldado. Suas três derrotas haviam demonstrado que a denúncia ruidosa (e um tanto vazia e decerto tópica) do neoliberalismo e o temor da população de que ele promovesse uma ruptura precipitada e brusca com o

APROXIMAÇÕES À AMÉRICA LATINA

modelo eram obstáculos graves a qualquer projeto de vitória eleitoral. Controlado o PT, Lula aceitaria ser candidato, ademais, somente se tivesse carta branca para operar a sua candidatura, fechar alianças e, em particular, contratar o publicitário Duda Mendonça, há muito tempo fiel escudeiro de Paulo Maluf, a principal liderança da direita de São Paulo. Obteve tudo que queria.

Mendonça trabalhou então para mudar a imagem de Lula: de um barbudo iracundo e irascível, transformou-o no "Lulinha paz e amor" que se apresentou ao eleitorado sempre bem-humorado e avesso a discussões e polêmicas. Tratava-se de administrar a vantagem que desde o começo Lula manteve sobre seu adversário, o ex-ministro da Saúde José Serra, cuja relação com o governo de Cardoso era problemática, por ser o candidato do governo sem concordar com sua política econômica. Lula já estivera em situação de grande vantagem em eleições anteriores e não queria ver se repetir o já conhecido enredo em que acabava em segundo lugar. Buscando o centro, fechou uma aliança com o Partido Liberal (PL), que lhe deu o senador, empresário e evangélico José Alencar como vice, além de acompanhá-lo como de hábito o PCdoB. No segundo turno, contou com o Partido Popular Socialista (PPS, o sucessor formal do PCB) e seu candidato, Ciro Gomes, cujo discurso e mágoa com relação a Cardoso (de quem fora ministro) eram muito mais radicais e duros; bem como com o Partido Socialista Brasileiro (PSB) e o conservador Partido Trabalhista Brasileiro (PTB) — então uma pálida lembrança da agremiação fundada por Getúlio Vargas.

O custeio da campanha era um problema espinhoso. Aí entraram em cena os tradicionais mecanismos de financiamento — "público" e privado — dos partidos brasileiros. Como ficou patente ao longo do terceiro ano de governo, Lula e o

PT recorreram a agentes que anteriormente haviam servido ao próprio PSDB para garantir recursos para suas campanhas, oriundos de bancos e fundos de pensão estatais e de trabalhadores, assim como do igualmente tradicional "caixa dois" (dinheiro não contabilizado oficialmente). Isso foi arma também para seduzir membros do PL e depois do PTB na costura da aliança eleitoral. Por outro lado, embora cientes de que Serra mudaria a política econômica de seu antecessor (ou talvez exatamente por isso), Lula garantiu fortes simpatias junto ao empresariado e aberturas junto aos grupos mais tradicionais, como as próprias organizações Globo — de televisão, rádio e imprensa escrita —, que o adotou na reta final do processo eleitoral. Deve-se observar, em contrapartida, que o ascenso de Lula ao governo se deu com grande defasagem em relação às mobilizações sociais que, estando na origem do PT, estavam agora ausentes.

Grande parte do apoio do eleitorado se deveu à nova imagem desradicalizada de Lula. Tratava-se agora de um homem experiente e sensato, que recusaria um salto no escuro. A classe média podia dar-lhe seu voto. Porém essa mesma classe média e sobretudo a massa de "pobres" do país entretinham expectativas de mudança, por gradual e vaga que fosse. Em agosto de 2002 Lula lançou a "Carta aos Brasileiros". Contudo, seu verdadeiro destinatário eram os detentores e agentes do capital financeiro (Sader 2003, p. 190). Lula se comprometia a manter a política macroeconômica e monetária, os altos juros e um superávit primário crescente nas contas do estado. Nesse sentido engessou seu governo. Deu continuidade nessa área à política de Cardoso, sempre condenada por ele próprio e pelo PT, a despeito de fortes críticas internas à linha adotada por Antônio Palocci, coordenador de campanha e em seguida ministro da Fazenda.

O GOVERNO LULA, FASE 1 (2002-2005)

O governo Lula iniciou-se tendo de enfrentar dois grandes problemas. Sem hegemonia efetiva do ponto de vista político e intelectual[1] — o neoliberalismo não fora efetivamente derrotado pelas lutas populares nem pelo discurso do PT —, Lula fora eleito com o imperativo de melhorar, sem gerar turbulências, a situação social do Brasil. As classes dominantes do capitalismo brasileiro não lhe permitiriam mais que avanços incrementais, conquanto setores da burguesia industrial viessem sofrendo com o viés favorável ao capital financeiro. Por outro lado, o partido não sabia como mudar de fato a economia (proposta esta avançada mais claramente por Serra, ele também um neocepalino, que por Lula). No máximo o que se sugeria era um retorno ao desenvolvimentismo que se esgotara duas décadas antes. No que se refere ao sistema político (embora, em linguagem um tanto vetusta, dentro do partido se debatesse que o PT havia chegado ao "governo" mas não ao "poder"), a certeza de poder manobrar com os incentivos tradicionais da política nacional deu a suas principais lideranças a ilusão de que seria relativamente fácil navegar nas relações Executivo-Legislativo. Isso não obstante o governo não ter maioria no Congresso, a qual teria de construir com muito esforço e alianças ainda mais amplas.[2]

---

[1] A rigor o PT sempre desprezou a teoria, e demonstrou crescentes dificuldades para tratar com os intelectuais. Originalmente, ao menos aqueles que convergiram para o projeto do partido foram bem aceitos, sem que, no que tange às disputas de idéias mais amplas, lhes fosse conferida importância; aos poucos mesmo a maioria dos que a ele era filiada foi sendo posta de lado.

[2] Lula tentou de algum modo reproduzir a experiência do Orçamento Participativo em nível nacional criando "conselhos" que tratariam dos temas prioritários para seu governo, delineando propostas e promovendo acordos sociais. Concretamente, nunca passaram, na melhor das hipóteses, de foros de debate.

De imediato o governo Lula surpreendeu ao encaminhar ao Congresso uma proposta de reforma da Previdência Social nos moldes daquela à qual o PT se opusera frontal e acidamente durante a era Cardoso. Corte em benefícios para os funcionários públicos, aumento da idade geral para a aposentadoria, abertura consistente para os planos de previdência complementar privados e outras medidas que pretendiam solucionar o que agora se afirmava ser um déficit crônico e perigoso para a saúde das contas públicas. A impressão geral não podia deixar de oscilar entre dois pólos: ou bem o PT mentia quando atacava o governo Cardoso nesse quesito, ou bem o problema não existia de fato e tal movimento do governo Lula em direção a uma reforma que sempre fora denunciada como neoliberal significava a rendição do partido e do presidente às forças do capital financeiro. Após negociações e muitas concessões, muitas críticas e tentativas de justificar as suas propostas, o governo conseguiu aprovar sua emenda à Constituição, alterando em larga medida o sistema de seguridade social nacional.

Na mesma direção caminhou a política econômica. A possibilidade de uma vitória de Lula criou graves problemas para a economia, em particular no tocante à dívida externa e à inflação, que pulara para dois dígitos logo antes de sua posse. A vulnerabilidade do país aos movimentos do sistema financeiro nacional e internacional ficava mais uma vez evidente, assim como funcionava também como uma chantagem com a qual se pretendia emparedar o governo e deixá-lo sem opções que não as ortodoxas. Recusar tais condições implicava enfrentar uma crise de proporções muito mais acentuadas, com graves efeitos, para começar na balança de pagamentos, mercê de uma mais que provável fuga maciça de capitais para o exterior. Ainda durante a campanha, Lula avalizou um acor-

APROXIMAÇÕES À AMÉRICA LATINA

do preventivo com o Fundo Monetário Internacional (FMI), assinado por Cardoso; optou em seguida, junto com Palocci e sua equipe de economistas ortodoxos neoclássicos,[3] por um curso que lançou o país em uma forte recessão. Tratava-se, argumentavam, de um ajuste necessário para que bonança e frutos saborosos fossem colhidos ulteriormente. Seus antigos aliados entre os economistas vieram a público, alguns, para criticar essa política; outros travaram uma luta interna que pretendia mudar essa direção rumo ao controle de capitais, a uma política monetária mais folgada, a uma menor preocupação com a inflação e a mais ênfase no crescimento, com esquemas protecionistas talvez sendo implementados mais adiante.

O primeiro ano do governo foi consumido em grande medida nessa tentativa de domar a crise econômica e fazer-se confiável ao mercado financeiro e às classes dominantes nacionais. Ao mesmo tempo o PT buscava garantir seus espaços no governo com uma sede para muitos inesperada. A disputa por cargos era acerba, dentro do partido e contra os partidos aliados, que ficaram com muito menos posições que seu peso na coalizão governamental aconselharia. Por outro lado, a inexperiência no comando da máquina pública emperrava as ações governamentais. A mais importante delas, que Lula batizaria como Fome Zero, não avançava — por problemas de concepção, escassez de recursos, disputas internas (Francisco Graziano *versus* Frei Beto) e dificuldades de gestão. Ficava evidente que o PT não tinha programa e improvisavam-se alternativas de política pública. A hipótese alternativa era que

---

[3] O governo Lula não rompe, portanto, com os intelectuais-economistas que mandam no Brasil há duas décadas, com formação ortodoxamente monetarista nos Estados Unidos e fortes laços com o capital financeiro. Ver Loureiro, 1998.

seus quadros eram tão despreparados que não conseguiam implementar seus programas de governo. Aos poucos se conseguiu caminhar.

De mais graves conseqüências foi a maneira com que se montou a base de sustentação do governo. O Brasil é um país conhecido pelo que amiúde se denomina de "presidencialismo de coalizão" (Limongi e Figueiredo, 1999, cap. 1). Isto é, um presidente forte, com poderes constitucionais efetivos, capaz de iniciar e vetar legislação se enfrenta a um sistema partidário plural e reivindicativo. Suas coalizões são montadas levando em conta as tendências políticas e ideológicas dos partidos; calcam-se também nos incentivos de nomeações e no controle de agências estatais por pessoas indicadas pelas principais lideranças partidárias, bem como pela liberação de dinheiro para obras e outras atividades junto às bases dos parlamentares que dão sustentação ao governo. Na prática, a cessão de ministérios aos partidos é fundamental nesse arranjo, por onde então passam nomeações, arrecadação de dinheiro (público) para as campanhas eleitorais, agrados às bases partidárias e prebendas semelhantes.

Mantidas essas condições, Lula tinha de montar sua base considerando esse tipo de barganha. Uma estranha arrogância e vontade excessiva de controle por parte da Casa Civil, e o desmesurado apetite do PT por cargos, levaram a algumas inovações que se revelaram ao fim e ao cabo desastrosas para o governo. Deve-se observar, todavia, que as dificuldades poderiam ter sido minoradas caso Lula tivesse aceitado o acordo pacientemente costurado por Dirceu com o PMDB, o qual incluía a manutenção da titularidade do Ministério dos Transportes, sinecura tradicional daquela agremiação. Recusado isso, o apoio no Congresso teve de ser buscado no "varejo" e

APROXIMAÇÕES À AMÉRICA LATINA

em particular junto aos pequenos partidos, o PTB, o PL e o extremamente conservador Partido Popular (PP).

Ao que parece, a engenharia aplicada por Dirceu implicou um controle transversal dos ministérios, que não foram entregues aos aliados de forma incondicional, pois quadros do PT permaneceram em escalões inferiores de pastas cujos titulares eram de partidos aliados. Isto não só gerou tensões permanentes como também obrigou o PT a se responsabilizar de alguma forma pelas operações patrimonialistas — em princípio destinadas à arrecadação de recursos para campanhas eleitorais, porém apropriados também pela corrupção de ministros, parlamentares e funcionários nomeados por critérios políticos — que os partidos aliados punham em prática. A isso se somaram as tensões relativas a dívidas de campanha do PT com o PTB e o PL — pois lhes prometera recursos ainda não pagos — e o que deve ter sido a chantagem pura e simples do deputado Roberto Jefferson, presidente do PTB e outrora membro da chamada "tropa de choque" de Collor, que exigia pagamentos crescentes a Dirceu. Este já se vira exposto com a identificação de Waldomiro Diniz, seu assessor para assuntos parlamentares, em transações escusas e atos de corrupção com o bicheiro Carlinhos Cachoeira. Um pequeno caso de corrupção de um dos aliados de Jefferson nos Correios, agência estatal, levou o deputado à berlinda e a sua vingança contra Dirceu e potencialmente Lula. Jefferson denunciou o que seria o suposto "mensalão", que garantiria a vitória do governo nas votações mediante pagamentos regulares a parlamentares dos partidos aliados ao governo, sob a coordenação de Dirceu.

Jefferson acabou cassado por quebra de decoro parlamentar ao não conseguir provar suas acusações; mas isto não impediu a saída de Dirceu da Casa Civil em meados de 2005 e a sua cassação — por comandar o suposto "mensalão" — ao reassumir seu lugar na Câmara dos Deputados. Aos poucos se evidenciou também, através das atividades de uma Comissão Parlamentar Mista de Inquérito (CPMI), que o PT se utilizara dos serviços de Marcos Valério (publicitário e antigo operador do PSDB mineiro) e que seu tesoureiro, Delúbio Soares, se envolvera em um esquema bilionário de desvio de fundos para as campanhas do PT, em particular a de Lula à presidência. Ademais, tornou-se público o fato de Silvio Pereira, secretário de organização do PT, haver sido presenteado com uma Land Roover por um empresário; e Gushiken, ator extremamente influente na propaganda e nos bastidores do governo Lula, acabou caindo ao ver-se igualmente envolvido em denúncias de favorecimentos ilícitos e corrupção.

A militância do PT se viu desmoralizada e o partido, jogado à opinião pública como praticante radical exatamente dos atos antiéticos que criticara com tanta veemência. Esse patrimônio petista simplesmente se esvaiu. Lula manteve-se contudo relativamente à margem do escândalo, embora o PSDB e em especial a direita representada pelo Partido da Frente Liberal (PFL) tenham cogitado da abertura de um processo de *impeachment*. Nessa atitude o golpismo mal se disfarçava por trás da hipocrisia neoudenista, pseudomoralista, com muitos cinicamente denunciando práticas, por exemplo de "caixa dois" e de uso de recursos públicos, que eles próprios sistematicamente praticavam.[4] Vários deputados foram cassados posteriormente, sobretudo do próprio PT, por receber

---

[4]Na verdade, uma das razões que Lula em círculos reservados apresenta para a cautela de seu governo é a de que governos progressistas no Brasil foram sempre derrubados por conspirações conservadoras, destino que não quer trilhar. Cardoso, aliás, fez a apologia da virulência de Carlos Lacerda, o principal líder da UDN e notório golpista, em plena campanha eleitoral.

recursos do que veio a ser chamado de "valerioduto". E a oposição, após jogar pesado para derrotar o candidato do governo à presidência da Câmara, Luís Greenhald, logrou derrubar aquele que ela mesma elegeu, Severino Cavalcanti, por mostrar-se aberto a negociar com o Executivo.

Construiu-se a impressão de que o governo apenas sobreviveria, arrastando-se até o fim de 2006; o sonho terminara, e Lula não teria chance de concorrer à reeleição, tamanha era a decepção do eleitorado, em particular de classe média, revelada nas pesquisas que indicavam forte queda de popularidade do presidente. Esta atingira o fundo do poço em dezembro de 2005. O PT pagava agora o preço de sua (resistível, e muito) ascensão ao poder, compactuando com os esquemas mais viciados da política brasileira. Na verdade, tais práticas vinham, ao que tudo indica, de longe, desde os tempos de atuação sindical de muitos dos dirigentes petistas, que assim financiavam o partido emergente, o mesmo ocorrendo posteriormente nas prefeituras, que lhe deviam repassar parte dos recursos ilegalmente recolhidos nos serviços públicos. Se isso não podia senão corromper e desmoralizar em seu íntimo militantes e quadros, o esforço de chegar ao poder central do país lançou Lula e o PT em uma aventura que significou em grande medida um passo maior que o que suas pernas podiam dar. E isso feito com uma ingenuidade patética, como se seguir o neoliberalismo na economia e amortecer as lutas sociais lhes desse junto às classes dominantes e aos círculos dirigentes do país carta branca para repetir as práticas diuturnas daquelas e destes. De modo algum era esse o caso.

O PSDB comemorava antecipadamente a eleição de um candidato seu à presidência da República no pleito do ano seguinte, que tinha como líquida e certa. Logo as coisas se revelariam bem mais complicadas.

O GOVERNO LULA, FASE 2 (2005-2006)

Se em fins de 2005 se assistia a um Lula acuado, a um PT desmoralizado, a um Dirceu imobilizado, defenestrado e ressentido, bem como a um PSDB e um PFL que se jactavam da situação desfrutada por seus potenciais candidatos, entre janeiro e fevereiro o quadro se alteraria significativamente. A popularidade de Lula retornaria e o governo retomaria a iniciativa. Em parte tratava-se do esgotamento das denúncias de corrupção, que não avançaram no sentido de estabelecer conexões com o presidente da República — na verdade, a crise fora prematura para as ambições da oposição. Em parte as iniciativas do governo começavam a dar frutos do ponto de vista da administração. Segundo Lula, ele havia semeado, agora era tempo de colher.

Os primeiros sinais de que o governo poderia retomar a ofensiva foram dados pela consolidação de Dilma Roussef, vinda do Ministério de Minas e Energia para a Casa Civil. Ela reproduzia basicamente as posições políticas e partidárias de Dirceu. Após uma curta e derrotada passagem de Tasso Genro pela presidência do partido, seguindo-se a um José Genoíno, que a deixara após os escândalos de Soares, Ricardo Berzoini conseguiu repactuar o arranjo interno do PT, mantendo o controle do "Campo Majoritário", todavia incorporando largos setores da esquerda da agremiação. Apenas um grupo menor, liderado pela senadora Heloisa Helena, expulsa já em 2003 com outros parlamentares, deixou o PT, formando o Partido Socialista (PSOL). Jogando todas as suas fichas na eleição do presidente da Câmara dos Deputados, o governo conseguiu eleger Aldo Rebelo, do PCdoB e anteriormente ministro da articulação política. Começava de fato a virada política governista, que reconquistaria o controle da agenda do Congresso, uma vez que Renan Calheiros, presidente do Senado, pertencia à ala do PMDB favorável a Lula.

De especial importância foi a constatação inicial de que nas classes populares, principalmente naqueles setores mais pobres, Lula mantinha sua popularidade. Foi neles que ela paulatinamente voltou a crescer, consolidando-o como forte candidato à reeleição. Pela primeira vez em muitas décadas, e a rigor talvez pela primeira vez de fato (com a exceção parcial de Vargas nos anos 1950), o eleitorado se polarizava em uma clivagem de classe. Assim viam-se trabalhadores de um lado, classes média e dominantes do outro, ou pobres contra ricos — se a classificação das pesquisas, classes C, D e E, de um lado, classes A e B, de outro, é utilizada e se raciocina como provavelmente é o caso de parte dos próprios sujeitos.[5] O reforço da autoridade presidencial foi imediato e o arco de alianças potenciais voltou a se ampliar. Mas, na avaliação das pesquisas, não apenas Lula aparecia como alguém que "entende os problemas dos pobres"; as várias ações do governo começaram a aparecer. O novo marqueteiro oficial (sucedendo à dupla Gushiken e Mendonça, este também alvejado mortalmente pelas denúncias que envolviam Valério e Soares) logrou emprestar grande visibilidade às ações do governo. Importa agora analisar as principais dentre elas.

Em primeiro lugar, o Bolsa Família, que unificou vários programas sociais e tornou-se o centro do mais abrangente

---

[5]Em parte isso fez jus à estratégia ideada por Dirceu no início do governo, segundo a qual o PT não teria como manter o apoio da classe média, perderia um pouco de popularidade nos grandes centros, poderia vir a enfrentar a oposição dos movimentos sociais, mas se deslocaria para os setores mais pobres e inclusive para o interior como forma de minorar suas possíveis perdas em sua reconversão rumo ao centro do espectro político.

Fome Zero. Basicamente assistencialista e — desdobrando-se dos programas compensatórios recomendados pelo FMI e pelo Banco Mundial junto aos ajustes neoliberais dos anos 1990 — focalizado nos mais pobres entre os pobres, ele disponibiliza um valor variável às famílias de mais baixa renda (até R$ 100,00), orientado por um cadastro nacional, construído contudo a partir de informações de comitês locais, e implicando em princípio condicionalidades como exames médicos periódicos e o controle da freqüência das crianças na escola. O programa avançou rapidamente como o carro-chefe da política social do governo, que deixou de lado ações mais estruturantes (como ampliação do emprego, esforços para garantir a empregabilidade dos jovens, reforma agrária e apoio à agricultura familiar) que a longo prazo fizessem do assistencialismo algo superado.

O Bolsa Família deve ser visto de um duplo ângulo. Por um lado, ajuda a tirar da miséria amplas camadas da população. Isso foi fartamente ventilado por pesquisas do Instituto Brasileiro de Geografia e Estatística (IBGE) que permitiram aos pesquisadores do tema atestarem a sua importância nesse sentido (Paes e Barros, Carvalho, Franco e Mendonça, 2006). A longo prazo, é possível — e esta é a intenção ao menos formalmente explicitada por Lula — que o programa se transmute em uma política de renda mínima cidadã, de caráter universalista. Por outro lado, ele se apresenta como formador de uma clientela de pobres que dependem do estado e do governo de plantão, além de ser em grande medida, na base, mediado politicamente pelos partidos que estão no governo. Trata-se, pode-se dizer, de um *clientelismo burocrático*. Seja como for, o programa atingiu, em fins de 2006, mais de 11 milhões de famílias (Zimmermann, 2002; *O Globo*, 12/8/2006).

APROXIMAÇÕES À AMÉRICA LATINA

Outra estratégia que permitiu o aumento do consumo foi a multiplicação de formas de crédito popular, usualmente com desconto em folha. A despeito dos juros altos, isso permitiu a compra de bens que, à vista, as classes populares são incapazes de adquirir. Em 2006 um aumento significativo do salário mínimo foi efetivado, ainda que a promessa de dobrá-lo ao longo do mandato não tenha sido cumprida, com a alegação habitual de que isto traria dificuldades insuperáveis para o erário federal — e agora também para as pequenas prefeituras. Sem dúvida, o adiamento, sem data para retornar à pauta, da modificação da legislação trabalhista e sindical em um sentido que agradasse ao neoliberalismo indiretamente contribuiu para essa evolução da popularidade de Lula; pelo menos impediu que ele sofresse mais um desgaste em tema tão sensível para a opinião pública.

A situação econômica em si e os problemas já derivados do que se chama de "desemprego estrutural" (para o qual o governo apresenta apenas a alternativa do cooperativismo, que de estratégia socialista converteu-se em programa de geração de renda e mesmo assim tem de ver-se com uma radical escassez de recursos) têm mantido o desemprego aberto extremamente alto, embora pequenas melhorias sejam observadas mais recentemente. Igualmente grave é a morosidade do governo no que se refere às metas da reforma agrária. Lula conta com a complacência do MST, assim como com o apoio da CUT. Ambos os movimentos têm muitos ativistas em cargos federais, inclusive na titularidade de Luis Marinho no Ministério do Trabalho. Mas o fato é que a distribuição de terra a trabalhadores rurais se faz muito mais lentamente que o reivindicado pelo MST, e a questão trabalhista e sindical não foi realmente enfrentada.

De grande impacto na opinião pública foi o alcance da auto-suficiência na produção de petróleo pela Petrobras em 2006, após anos em que a estatal teve seus esforços nessa direção congelados. No imaginário nacional a Petrobras encarna o desenvolvimento e a soberania nacionais. Não por acaso é uma das poucas estatais de peso que o governo Cardoso declinou de privatizar. Grande avanço teve também o biodiesel, combustível alternativo ao petróleo e em cuja tecnologia o Brasil é pioneiro.[6] Outros programas também de grande visibilidade, como o tapa-buraco que busca dar viabilidade mínima às estradas federais ou o de apoio à construção de moradias populares, foram também deslanchados (embora não tenha caminhado aquele que garantiria títulos de propriedade aos moradores de áreas urbanas irregulares).

Menos visível (afora o envio de um astronauta brasileiro ao espaço) é a atuação do Ministério da Ciência e Tecnologia (MCT). Investimentos em áreas estratégicas, o aumento significativo do volume de recursos disponíveis para a pesquisa e a decisão de caminhar rumo a uma certa autonomia científica e tecnológica são fatores importantes e implicaram ações de grande relevância. Na área da saúde as coisas mantiveram-se no plano da continuidade em relação à gestão de Serra, em geral tomada como progressista, embora o sistema ainda receba um volume de recursos inadequado à cobertura universal da população. Na educação a principal iniciativa do

---

[6] Mais problemático é o impacto ambiental do biodiesel. Aliás, no que tange ao meio ambiente o governo decepciona em muito aqueles que tinham esperanças em mudanças, a despeito de a titular do ministério, Marina Silva, ser um ícone da área. Ademais, não se devem esquecer os erros estratégicos da própria Petrobras em relação aos investimentos que realizou na Bolívia e a forma excessivamente comercial como operou naquele país, o que a incluiu na nacionalização da extração e produção, assim como na elevação — justa — dos preços do gás.

governo, o Fundeb, possibilitaria o aumento dos recursos para a educação básica (mas, talvez, também a fragmentação desse extra entre grupos de interesse mais particularistas). No entanto, acabou paralisado na Câmara; ademais, sofreu encarniçada oposição a tentativa de introduzir cotas para negros, índios e estudantes oriundos das escolas públicas nas universidades federais (que os neoliberais queriam ver privatizadas, por supostamente servirem apenas aos ricos), avançando para além do ProUni, que permitiu o ingresso nas universidades privadas de alunos que não pagam mensalidades (compensadas, é claro, pela renúncia fiscal do governo).[7]

Não obstante avanços deste tipo, de maneira geral a eficiência do governo não foi das maiores, seja administrativamente, seja por ver-se bloqueado no Congresso. Particularmente relevante nesse sentido foi o entrave sofrido pela lei das Parcerias Público-Privadas (PPPs), pensadas para superar um dos impasses do modelo nacional-desenvolvimentista — a impossibilidade de investimentos cuja maturação se realiza apenas no longo prazo e que eram tradicionalmente feitos pelo estado. Com as PPPs, as empresas privadas fariam seus investimentos garantidas contra prejuízos pela União, que também pode entrar com parte dos recursos. Isso põe o estado a serviço do capital produtivo — com licitações mais ágeis e disputas dirimidas por meio da arbitragem e não do Judiciário (o que, diga-se de passagem, introduz o pluralismo jurídico no âmago do próprio estado). Resistências no Congresso adiaram a aprovação das PPPs, o que ocorreu, enfim, em dezembro de 2004. Contudo, somente em 2006 definiu-se o

---

[7]Embora haja exceções importantes, muitos dos ministérios comandados pelo PT foram dos menos eficientes na formulação e implementação de políticas públicas.

JOSÉ MAURÍCIO DOMINGUES

fundo garantidor federal e foram firmadas parcerias e implementados os primeiros consórcios.

Essa referência a questões econômicas nos remete mais uma vez à temática da política macroeconômica. O pano de fundo de todas essas ações governamentais é o esforço para garantir um superávit de 4,25% sobre as contas primárias do estado (que na prática alcançou por vezes até mais que 5%), o contingenciamento dos gastos federais e uma dívida pública a despeito disso crescente e aparentemente insolúvel, em função dos altíssimos juros praticados pelo Banco Central, acima de 10% reais, os mais altos de todo o mundo. O estado efetivamente não tem recursos disponíveis para investir (apesar de, no que tange a pessoal, haver contratado mais gente para substituir trabalhadores temporários ou serviços terceirizados) e os diversos ministérios se vêem amiúde bloqueados em seus planos de gastos em particular pela Secretaria do Tesouro (o lócus de controle real da ortodoxia neoliberal, junto com o Banco Central). Se avanços no perfil da dívida externa e interna garantiram uma pequena melhoria, se caem o dólar e o "risco país" das grotescas agências de classificação a serviço do capital financeiro internacional, se o acordo com o FMI pôde ser terminado no começo de 2006, e se um superávit na balança comercial permite ao país uma folga em sua balança de pagamentos, o fato é que o crescimento econômico tem sido pífio. Após uma recessão em que a economia quase afundou em uma taxa de crescimento negativa, não passando de 0,6% em 2003, de curva ascendente razoável em 2004, 4,9% (após Lula prometer o tão esperado "espetáculo do crescimento"), piorando sensivelmente em 2005, ao cair para 2,3%, as expectativas mais otimistas para 2006 não se confirmaram, alcançando (segundo projeções) menos de 3%. Aparentemente Lula pensou mais de uma vez em mudar a política econômica, sem saber como fazê-lo nem política nem economicamente, o que o confina, ao fim e cabo, a um comportamento cauteloso e conservador. A demissão do ministro Palocci em março de 2006, por envolvimento com empresários e suspeitas de corrupção e por estar no centro de mais uma crise — relativa esta à quebra ilegal do sigilo bancário de um de seus acusadores por funcionários da Caixa Econômica Federal (CEF) e sua substituição pelo presidente do Banco Nacional de Desenvolvimento Econômico e Social (BNDES), Guido Mantega (que substituíra Carlos Lessa e sempre se vinculara a uma posição mais "desenvolvimentista"), apesar de indicar uma possível inflexão no longo prazo, não chegaram a alterar realmente a política econômica. Inclusive porque seu aspecto monetário e a definição da altíssima taxa de juros — que cai apenas lentamente — continuaram a cargo do semi-independente Banco Central, comandado por Henrique Meirelles.

É preciso observar ademais que grande parte dos avanços na exportação, que garante aquele superávit da balança de pagamentos, deriva de uma expansão vigorosa da agroindústria (sobretudo da área plantada de soja) e do crescimento contido (que reduz as importações).[8] Os impactos ambientais da expansão agrícola, fortíssima aliás na Amazônia legal, são de grande alcance. Não bastasse esse potencial destrutivo, que tem garantido parte do crescimento do país, este se dá

---

[8]Para esta questão, de um ponto de visto econômico de longo prazo, ver Gasques *et al.*, 2004. Mas deve-se observar que aí também radicam graves problemas, que aqueles autores mesmos já haviam assinalado em parte. Um câmbio muito favorável ao real, azares climáticos, lentidão do governo em socorrer os produtores e possivelmente problemas oriundos de uma redução de investimentos na Embrapa desde fins do governo de Cardoso produziram uma queda de 4,66% (nominalmente 537,63 bilhões de reais) em 2005 em relação a 2004, com projeções de crise em 2006.

nos quadros do que seria uma *reprimarização* das economias da América Latina. Sem dúvida, a situação brasileira é melhor que a de muitos outros países latino-americanos — e a pauta de exportações brasileira de forma alguma se confina a produtos primários (embora nela commodities como o aço tenham também peso elevado). De todo modo, um peso maior para produtos primários se impôs nos últimos anos, e apenas uma visão equivocadamente ufanista deixaria de reconhecer que, nos quadros da divisão internacional do trabalho, houve um deterioramento da posição do Brasil. A revolução tecnológica em curso, especialmente em microeletrônica (além da biotecnologia e da nanotecnologia), da qual mal participamos, nos põe em posição de desvantagem aguda no sistema global. Apesar dos esforços do MCT, essa brecha é crescente e a ainda baixa taxa de investimento em Pesquisa & Desenvolvimento de modo algum promete uma superação dessa situação no fundo dramática (embora aquela taxa tenha sido aumentada em sua ponta predominantemente estatal durante o governo Lula). Assim, continuamos, a rigor, incapazes de superar os impasses do modelo nacional-desenvolvimentista que se esgotou nos anos 1970-80, seja no que se refere à ampliação sustentada do mercado interno, seja no que tange ao balanço de pagamentos, além do problema de nossa posição na divisão internacional do trabalho, bastante subordinada (como visto nos capítulos 2 e 3 deste livro).

Apesar disso, no plano internacional a política brasileira, conduzida de modo profissional pelo Itamaraty, tem possibilitado o aumento do peso do país em diversos fóruns. Não é de todo certo que somos uma potência regional, o Mercosul se viu relativamente enfraquecido, a Comunidade Sul-Americana de Nações ainda não disse ao que veio, tensões com a Bolívia e o desafio da liderança de Hugo Chávez na Venezuela se põem, assim como a quimera de um assento no Conselho de Segurança das Nações Unidas não é de forma alguma auto-evidente em termos dos benefícios que pode gerar para o país (até agora gerou o ônus do envio de tropas de paz ao Haiti, em um cenário político duvidoso). Todavia, as articulações sul-americanas têm avançado para além de meros acordos comerciais, estes também efetivados, aberturas para a África, a Ásia e o mundo árabe se mostram positivas e as negociações com os Estados Unidos e a Europa não se têm mostrado demasiado problemáticas. Na verdade, o governo Lula optou por uma das duas estratégias hoje possíveis para o Brasil: uma aliança com parceiros do "sul", a começar pela América do Sul, ou o privilegiamento do vínculo com os Estados Unidos. Os resultados são fugidios, porém nada indica que esses esforços serão baldados, mormente quando se leva em conta que a política internacional se baseia em larga medida em blocos e grandes unidades geopolíticas e econômicas, o que por conseguinte se nos torna um imperativo.

Seriam os números do governo Lula melhores que os dos governos Cardoso? Segundo dados compilados por *Insight/ Inteligência* e comentados por Santos (2005), em especial para a economia (referidos anteriormente), cujas séries históricas estão mais bem organizadas, isso é cabalmente verdadeiro. Mas cabe aventar a questão em dupla perspectiva. Primeiramente, Cardoso enfrentou crises financeiras internacionais brutais (México e Ásia), o que não foi o caso do governo Lula, não obstante as dificuldades agudas de seu primeiro ano de governo; além disso, a comparação deve ser feita, no que toca às taxas de crescimento econômico, com as outras economias do planeta. O Brasil apresenta-se mal nesse âmbito. Os "países em desenvolvimento" devem crescer em torno de 6% em 2005-06 e a economia mundial vem tendo crescimento médio de cerca de 4% (em 2004, segundo o FMI, chegou a 5,1%); a Argentina (saindo, é verdade, de uma base recessiva de 11% negativos) tem taxas positivas hoje em torno de 9%, enquanto a China vem alcançando taxas anuais próximas a 10% e a Índia, entre 6 e 8%; já o Brasil, mantivemos de 2003 a 2006 uma média tão medíocre que não alcança 3% (dados retirados dos sites e relatórios da Organização para a Cooperação e o Desenvolvimento Econômico — OCDE, do Banco Mundial, do FMI, da Cepal e de *insight/inteligência*; e projeções ao fim de 2006). E isso assentados na agroindústria em expansão ou no petróleo em que atingimos auto-suficiência. Desnecessário dizer, isso é muito pouco para quem pretendia mudar o país, ainda que paulatinamente. Perdemos tempo aprisionados em um modelo que não serve a ninguém; e que por muitos outros países ou não foi adotado ou já foi deixado para trás.

A eleição de Lula abriu uma janela de esperança para uma América Latina que padeceu de paralisia e empobrecimento durante as duas últimas décadas. Após sua eleição — que foi quase simultânea à de Néstor Kirchner na Argentina — outros candidatos de centro-esquerda triunfaram na região, na esteira do avanço de vários movimentos sociais ou de impasses absolutos dos sistemas partidários tradicionais (ver Rodríguez Garravito, Barret e Chávez, 2005): Tabaré Vasquez, no Uruguai, Evo Morales, na Bolívia, Michelle Bachelet, no Chile, para não falar da controvertida e conflitiva figura de Hugo Chávez, na Venezuela e da confusa situação peruana (e apesar da derrota de Manuel López Obrador, no México). Para quase todos a recusa ao neoliberalismo se impõe, ao menos de forma suave, mas não chega a estruturar uma agenda clara, logo não construindo uma nova hegemonia. Por vezes aquela se anuncia em medidas de grande impacto público, em particular na Bolívia e na Venezuela (de governos que alguns querem "populistas", termo demasiado genérico, e equivocado tecnicamente, se pensarmos a tradição das ciências sociais), cujos resultados tendem a se mostrar duvidosos, por razões diversas. Outros são bem mais cautelosos, caso em que se destaca o governo Lula. O poder do capital financeiro, a fragilidade política, no mais das vezes, das classes populares e a ausência de uma nova perspectiva de desenvolvimento têm impedido avanços mais consistentes em todos esses países, o que contrasta com o desenvolvimento de outras regiões no mundo. Em termos relativos, é declinante a importância e o impacto da América Latina em termos globais. Ou alteramos esse quadro ou pagaremos um preço alto por essa falta de imaginação e impasses políticos.

Problema central reside ainda no poder do capital financeiro sobre a sociedade e o estado brasileiros — o que inclui os próprios fundos de pensão de trabalhadores (como a poderosa Previ, dos funcionários do Banco do Brasil), dos quais Gushiken era um ícone no governo (ver Grün, 2004), conquanto seja justo e correto argumentar que esses podem ser utilizados para alavancar o desenvolvimento em termos de investimentos e que os sindicatos não podem se alijar de sua gestão. Esse peso já se mostrou pior, pois a asfixia da sociedade pela permanente extração de renda se faz hoje mais difícil, embora não se possa propriamente falar em uma crise de hegemonia nesse sentido. A articulação dos interesses nacionais e internacionais nessa dimensão da economia manieta profundamente as alternativas abertas aos partidos no governo. A própria democracia sofre tremendamente com isso, porquanto por vezes pareça que, como no célebre adágio, quanto mais se muda, mais é a mesma coisa que ocorre, ao passo que aquelas forças procuram bloquear qualquer alternativa de mudança. O último ano do governo Lula não levou a alterações nesse curso, tampouco se anunciando qualquer mutação no padrão de acumulação capitalista, sequer uma transformação das alianças de classe — o "bloco histórico" — que dirige o país, do qual as classes populares permanecem excluídas ou, na melhor das hipóteses, se encontram em posição altamente subordinada não apenas ao "capital" em geral, mas às suas frações ligadas à hipertrofia do setor financeiro.

Eis aí um paradoxo. Pois são um presidente e um partido que pretendem representar as classes populares e fortes ligações com setores muito representativos do movimento sindical que ocupam o governo federal; e eleitoralmente foi uma polaridade entre pobres e ricos que se insinuou no horizonte dos embates eleitorais. Além do mais, ao falar-se de partidos como o PL ou de outras correntes nos diversos outros partidos, falamos de movimentos sociais religiosos, em particular evangélicos, com potencial para mudar aspectos importantes do país, expressando desde setores populares despossuídos a classes médias ascendentes, não obstante o caráter amiúde autoritário e corrupto de seus representantes profissionais. Contudo, seriam necessários muito mais capacidade de articulação e inteligência política, programas mais bem elaborados e perspectivas de ruptura mais claras, mobilização intelectual e moral para efetivamente jogar o neoliberalismo na defensiva. Este, conquanto não ofereça, é patente, alternativas para o desenvolvimento do país, segue sendo a doutrina pela qual se pautam os setores dominantes na sociedade brasileira, tela sanitária com o qual buscam bloquear qualquer debate efetivo de alternativas para o Brasil, a América Latina e o mundo em seu conjunto. Teria Lula decisão para enfrentar essa situação, sobretudo em um segundo mandato, ou força os movimentos sociais para a questionarem? Ambas as possibilidades são tênues no momento, conquanto se saiba que conjunturas se aceleram e perspectivas se transformam por vezes de modo súbito.

Além do mais, há um claro desinteresse em compreender e certa dificuldade em praticar, a não ser em suas formas mais perversas ou imediatistas, as novas tendências de organização da pesquisa, do trabalho e da produção. Mercado ou estruturas verticais, baseadas no comando, com grande papel para o estado, antes que se visando a articulação por redes capazes de produzir sinergias, permanecem em alto grau dominantes no pensamento nacional, embora no que tange à inovação industrial isso comece a mudar (De Negri e Salermo, 2005). É difícil divisar quando isto mudará na prática, de modo mais completo. O mesmo diz respeito ao desemprego, que, como já assinalado, não é somente derivado do baixo crescimento econômico — revigorando-se este, nem por isso o aumento da oferta de postos de trabalho deve seguir-se-lhe no mesmo ritmo e magnitude.

A LUTA PELA REELEIÇÃO

O estatuto da reeleição do presidente da República criou uma situação em que governar e tratar de sua candidatura são tarefas concomitantes. Lula fez isso com galhardia, como disse, colhendo o que plantara. Não pretendeu nem anunciou modificações fundamentais na política do governo, embora os gastos públicos fossem mais folgados durante 2006. Teve por outro lado que conviver com a contaminação raivosa de todos os temas por parte da oposição. Por seu turno, o PT tentou reviver, com uma esquerda interna mais forte, discursos novamente éticos e a recusa de alianças ao centro, como se sua trajetória escusa recente fosse responsabilidade dos aliados, não sua. Lula adiou o anúncio da candidatura o mais que pôde, pois se manteve no melhor dos mundos, como candidato sem sê-lo, beneficiando-se da exposição que o cargo lhe permitia, especialmente em uma época de "colheita". Quando enfim assumiu sua candidatura, trouxe mais uma vez José Alencar como seu vice, agora pelo minúsculo Partido Republicano Brasileiro (PRB).

A escolha do candidato entre os "tucanos" do PSBD não foi muito simples. Eleito prefeito de São Paulo, a segunda maior metrópole da América Latina, em 2004, Serra aparecia nas pesquisas de fins de 2005 como o candidato mais forte do partido. Mas Geraldo Alckmin, governador de São Paulo, insistiu em ser candidato. Em 2002, Serra aparecia desconfortável como candidato de um governo de cuja política econômica discordava, sua aliança costurada com o centro, o PMDB — ao contrário de Cardoso, cujos principais aliados se encontravam no PFL. Alckmin é muito mais conservador (diz-se, aliás, que é membro do grupo católico Opus Dei, embora ele o negue) e representa efetivamente o conservadorismo, tendo a simpatia forte do capital financeiro e dos círculos dirigentes da economia, apresentando um programa que aprofundaria o neoliberalismo. A aliança com o PFL (que lhe deu José Jorge como vice) emprestou sabor ainda mais à direita a sua candidatura. Um forte bloco, que incluiu uma mídia agora deslocada para a direita, se pôs na arena eleitoral.

O PMBD manteve-se em seu tradicional imbróglio até onde pôde, mas em particular a manutenção das coligações eleitorais pelo Supremo Tribunal Federal, contra o desejo do Congresso, levou o partido a optar por não ter candidato e assim coligar-se livremente nos estados da federação (depois de flertar com a candidatura do ex-presidente Itamar Franco, do senador Pedro Simon e assistir a uma patética greve de fome

APROXIMAÇÕES À AMÉRICA LATINA

do ex-governador do Rio de Janeiro, Anthony Garotinho, que, migrando para esta agremiação, pretendia ser o candidato do partido à presidência). O PCdoB permaneceu na coalizão oficial, ao passo que o PSB, lutando como ele para sobreviver à cláusula de barreira imposta a partir destas eleições (5% do total dos votos, sendo que 2% em nove estados da federação), não lançou candidato à presidência, confiando na maximização dos votos de acordo com as alianças locais. À esquerda, o PSOL, com Heloisa Helena como candidata, bateu fortemente no governo Lula e no PT. Já o Partido Democrático Trabalhista (PDT) lançou Cristovam Buarque, outrora militante do PT e ministro de Lula.

Se a eleição foi disputada, Lula ressurgiu como favorito desde o início de 2006, graças ao apoio que recebeu da população mais pobre. Esta conforma de longe a maioria. Ao confirmar sua inclinação na direção do presidente, poderia tê-lo reeleito em primeiro turno, mas nova trapalhada do comitê de campanha nacional do PT e do candidato do partido ao governo de São Paulo — tentando comprar um dossiê contra José Serra, cuja vitória naquela eleição estadual parecia mais que garantida — complicou o enredo, levando Lula ao segundo turno. Foi como se as denúncias da oposição se vissem enfim confirmadas, quando parecia que já não teriam tanto impacto. Se seus 48,61% de votos foram decepcionantes para Lula, os 41,64% de Alckmin devem ter surpreendido o próprio candidato, dado os números anteriormente colhidos nas pesquisas. Após um segundo turno duro, no qual contudo caminhou com facilidade e com as pesquisas lhe sendo sempre extremamente favoráveis, Lula acabou vencendo a eleição com 60,83% dos votos, contra os 39,2% de Alckmin, que perdeu votos em relação ao primeiro turno. Na verdade, logo o "tucano" se viu na defensiva, na medida em que sua inclinação neoliberal ficou mais clara para o eleitorado. Em particular lhe dificultaram a vida a acusação de que pretendia dar continuidade às privatizações (o que fez no governo de São Paulo) e a proposta de déficit público zero, defendida por assessores muito próximos, entusiasmados com a performance do candidato no primeiro turno, medida que implicaria em brutais cortes no orçamento do estado. Se alguns eleitores quiseram "castigar" Lula pela corrupção em seu governo, bem como vê-lo explicitar melhor seu programa e perspectivas, por fim decidiram elegê-lo por ampla maioria no segundo turno. Ademais, do ponto de vista dos governadores eleitos, Lula contará em seu segundo mandato com uma situação muito mais confortável. Se no primeiro teve o apoio explícito de apenas 3 dentre eles, começa agora com o apoio de mais da metade dos 24, sendo que, no PSDB, José Serra, em São Paulo, e Aécio Neves, em Minas Gerais, não deverão ser-lhe hostis. A ala mais à direita do PSBD e o PFL saíram claramente derrotados da eleição.

Tudo somado, contudo, não se pode dizer que um novo "bloco histórico" esteja de modo algum se consolidando no país. Salvo engano e modificações que por ora não se anunciam com clareza, a reeleição de Lula não deve significar uma solução de continuidade das principais políticas que há mais de dez anos marcam a agenda nacional. De todo modo, talvez à meta de inflação, critério demasiado estreito, venha se juntar uma meta de crescimento e outras formas de amenizar as políticas monetaristas ortodoxas; e, afinal, é possível que deslanche uma política mais consistente de investimentos estatais e privados em infra-estrutura e outras áreas da economia. Pelo menos foi esse o discurso de Lula no curso do segundo turno — sem contudo sinalizar mudanças mais fortes na política econômica — e como celebraram a vitória muitos de seus correligionários, alguns dos quais gostariam de ver, de fato, mudanças mais decisivas, ao falarem do fim da "era Palocci".

À GUISA DE CONCLUSÃO

Um dos grandes problemas do Brasil é encontrar um novo modelo de desenvolvimento que possa relançar de forma sustentada sua economia na direção do crescimento, agora o combinando à expansão da "justiça social". O passado não retornará. Nem o mercado simplesmente, nem o estado de cima para baixo e com exclusividade, nem a agroindústria, nem a indústria de bens de consumo ou de bens de capital serão capazes de solucionar a questão e nos ressituar nos quadros da divisão internacional do trabalho, cujo setor expansivo dinâmico global é a microeletrônica. Para alguns, isso não seria mesmo possível (Oliveira, 2003), mas há que se apostar na possibilidade de que de alguma forma se consiga romper esta barreira (ver Evans, 1995, para o papel do estado nisso), para além da *adaptação passiva* à globalização neoliberal que continuamos a praticar. A China e a Índia, por vias distintas, vêm tentando fazê-lo — se terão sucesso, ainda é questão em aberto. Uma nova aliança de classes, um novo bloco nacional-popular, um novo papel para o estado, uma nova mentalidade que empreste ênfase ao trabalho e à educação, à ciência e à tecnologia, redefinindo o público e sua relação com o privado, fazem-se imprescindíveis. O governo Lula não avançou muito nessa direção. Também nesse sentido representa mais continuidade que mudança na história brasileira recente.

Enfim, deve-se reconhecer que a modernização da modernidade, enquanto conjunto de instituições que se transformam e atualizam, se processa de forma muito desigual no Brasil. Argumentei em várias ocasiões que o mundo como um todo a esta altura já adentrou o que se pode chamar de *terceira fase da modernidade*. Nesta os "desencaixes" (implicando mudanças de identidade e práticas sociais) dos indivíduos e coletividades se acentuam e aceleram. Em particular as redes cumprem nessa fase papel fundamental como mecanismo de articulação, nos movimentos sociais, na política, na vida econômica e nos âmbitos os mais diversos, em função do acentuado aumento da complexidade e da fluidez social, sem que se possa falar contudo de uma "sociedade em rede", pois mercado e hierarquias (no estado e fora dele) continuam a desempenhar papéis cruciais (ver Domingues, 2005b, e também o capítulo 2 deste livro, para este tema em chave latino-americana). O que se passa no Brasil nesse sentido?

Socialmente, uma pluralização das identidades individuais e coletivas é visível, bem como de práticas e laços sociais. Mas o declínio da classe trabalhadora tem como contrapartida uma criação limitada de novos movimentos sociais, para além da multiplicação de ongs; ao passo que aqueles que efetivamente emergem (como movimentos culturais jovens ou rádios comunitárias), o sistema político e os partidos têm dificuldade ou manifestam falta de interesse em absorver. O sistema político e partidário em si resiste a sua modernização (no que, aliás, o Brasil não está só).[9] Na verdade, o PT, que se propusera a renová-lo, envelheceu com uma velocidade espantosa e adaptou-se muito tranqüilamente aos costumes e ao "neopatrimonialismo" de seus adversários. Quanto à política social, ao lado de estratégias universais na saúde e educação, uma

---

[9] A tão propalada reforma política, que não deve porém prosperar, dificilmente ajudaria a caminhar nessa direção.

clara preferência se insinua por políticas focalizadas e tutelares, pouco democráticas, a despeito da retórica e de ensaios participativos, que ademais não permitem gerar uma solidariedade universal que supere a natural fragmentação engendrada pela pluralização de identidades e práticas.[10] Já na economia, a modernização avança, em favor da agroindústria e de um setor de serviços em que se mesclam atividades sofisticadas — ou ao menos caras e ostentativas — e atividades baratas, produzidas muitas vezes a partir da informalidade, para a massa de trabalhadores pobres do país. A desigualdade resiste — recuos não obstante — realmente a ceder. Quanto à indústria e sobretudo aos setores de alta tecnologia, não obstante as exceções sempre mencionadas, o panorama não é alvissareiro. Nesse aspecto a integração sul-americana tampouco parece prometer muito.

Esse foi e é o Brasil de Lula como presidente. Os avanços foram tímidos e não contrariaram políticas, práticas e tendências que começaram a se afirmar com o primeiro governo civil, de Sarney, após a ditadura militar, aduzida a essa equação a ortodoxia econômica neoliberal. O Brasil de fato muda, mas devagar e nem sempre na direção necessária. O lugar de Lula na história está, seja como for, garantido. Pois, afinal, embora isto agora tenha se tornado um lugar-comum ou ocasião para a expressão de fortes preconceitos sociais, não é sem conseqüências no imaginário popular a eleição, por duas vezes consecutivas, de uma liderança de militância e extração popular, com uma trajetória tão semelhante à massa da população

---

[10]Em particular deve-se dizer que se rompe com essas políticas focalizadas com a idéia de liberdade igualitária, segundo a qual todos são igualmente livres; o que, na modernidade avançada, implica na construção de bases comuns e de status *universal* que permitam o exercício pleno da cidadania. Ver Domingues, 2003a.

após dois séculos de opressão na história do Brasil independente. Se mudanças mais profundas mantêm-se bloqueadas, de algum modo os temas do desenvolvimento, da cidadania, da justiça e da liberdade igualitária se puseram fortemente no centro do debate político. Mas não é claro como daí emergirá de fato um novo futuro para o Brasil.

Referências Bibliográficas

ACSELRAD, Henri (1996). "Políticas ambientais e construção democrática". In Gilney Viana, Marina Silva e Nilo Diniz (orgs.). *O desafio da sustentabilidade. Um debate socioambiental no Brasil*. São Paulo: Fundação Perseu Abramo.

ALONSO, Ângela e Valeriano Costa (2003). "Para uma sociologia dos conflitos ambientais no Brasil". In Héctor Alimonda (org.). *Ecología política. Naturaleza, sociedad y utopia*. Buenos Aires: Clacso.

—— (2004). "Dinâmica da participação em questões ambientais: uma análise das audiências públicas para o licenciamento ambiental do Rodoanel". In Vera Schattan P. Coelho e Marcos Nobre (orgs.). *Participação e deliberação. Teoria democrática e experiências institucionais no Brasil contemporâneo*. São Paulo: Editora 34.

ALVAREZ, Sonia E. (1998). "Latin American feminisms 'go global': trends of the 1990s and challenges for the New Millennium". In S. E. Alvarez, Evelina Dagnino e A. Escobar (orgs.). *Culture of Politics, Politics of Culture. Re-visioning Latin American Social Movements*. Boulder, CO: Westview.

ALVAREZ, Sonia E., Evelina Dagnino e A. Escobar (orgs.) (1998). *Culture of Politics, Politics of Culture. Re-visioning Latin American Social Movements*. Boulder, CO: Westview.

AGUILAR RIVERA, José António (2001). "Ensoñaciones de la unidad nacional: la crisis en la identidad nacional en México y Estados Unidos". *Política y gobierno*, vol. 3.

ANDERSON, Bennedict (1991). *Imagined Communities*, 2ª edição. Londres: Verso.

APEL, Karl Otto (1988). *Diskur und Verantwortung*. Frankfurt am Main: Suhrkamp, 1997.

APPLEBAUM, Nancy P., Anne S. Macpherson e Karin A. Rosemblatt (orgs.) (2003). *Race & Nation in Modern Latin America*. Chapel Hill, NC: North Carolina University Press.

ARCEO, Enrique (2003). *Argentina en la periferia próspera. Renta internacional, dominación oligárquica y modo de acumulación*. Bernal: Universidad Nacional de Quilmes.

AUYERO, Javier (2002). "Los cambios en el repertorio de la protesta social en la Argentina". *Desarrollo económico*, vol. 42, nº 166.

AVRITZER, Leonardo (2002). *Democracy and the Public Space in Latin America*. Princeton, NJ: Princeton University Press.

AVRITZER, Leonardo e Sérgio Costa (2005). "Teoria crítica, democracia e esfera pública: concepções e usos na América Latina". In José Maurício Domingues e María Maneiro (orgs.). *América Latina hoje. Conceitos e interpretações*. Rio de Janeiro: Civilização Brasileira, 2006.

BARBOZA FILHO, Ruben (1980). *O populismo: um balanço teórico*. Belo Horizonte: UFMG.

BECK, Ulrick (1986). *Risk Society*. Londres: Sage, 1992.

BENGOA, Jorge (2003). "25 años de estudios rurales". *Sociologias*, nº 10.

BETHELL, Leslie (org.) (1987). *The Independence of Latin America*. Cambridge: Cambridge University Press.

BLANCO, Alejandro (1998). "Gino Germani: las ciencias del hombre y el proyecto de una voluntad política ilustrada". *Punto de vista*, nº 62.

—— (1999). "Ideología, cultura y política: la 'Escuela de Frankfurt' en la obra de Gino Germani". *Prismas. Revista de historia intelectual*, ano 3, nº 3.

—— (2003a). "Los proyectos editoriales de Gino Germani y los orígenes intelectuales de la sociología". *Desarrollo económico*, vol. 43, nº 169.

—— (2003b). "Política, modernización y desarrollo: una revisión de la recepción de Talcott Parsons en la obra de Gino Germani". *Estudios sociológicos de El Colegio de México*, vol. XXI, nº 63.

BLUMER, Herbert (1969). *Symbolic Interactionism. Perspective and Method*. Englewood Cliffs, NJ: Prentice-Hall.

BOBBIO, Norberto (1969). *L'etàt dei diritti*. Turim: Einaudi.

BOITO JR., Armando (2006). "A burguesia no governo Lula". In Eduardo M. Basualdo e Enrique Arceo (orgs.). *Neoliberalismo y sectores dominantes. Tendencias globales y experiencias nacionales*. Buenos Aires: Clacso.

BORÓN, Atílio (2001). *Estado, capitalismo y democracia en América Latina*. Buenos Aires: Clacso.

BORTAGARAY, Isabel e Scott Tiffin (2002). "Innovation Clusters in Latin America". In M. Heitor, D. Gibson e M. Ibarra (orgs.). *Technology Policy and Innovation*, vol. 1. Nova York: Quorum Books.

BOYER, Robert (1986). *La Théorie de la régulation: une analyse critique*. Paris: La Découverte.

BOYER, Robert e Julio Neffa (2004). "Conclusiones. La crisis argentina (1976-2001): lecturas institucionalistas y regulacionistas". In *La crisis argentina (1976-2001): lecturas institucionalistas y regulacionistas*. Buenos Aires: Miño y Dávila.

BRITO, Francisco A. e João B. D. Câmara (1999). *Democratização e gestão ambiental. Em busca do desenvolvimento sustentável*. Petrópolis: Vozes.

BRITTOS, Valério Cruz e César Ricardo Siqueira Bolaño (orgs.) (2005). *Rede Globo. 40 anos de hegemonia e poder*. São Paulo: Paulus.

BURT, Jo-Marie e Philip Mauceri (orgs.) (2004). *Politics in the Andes. Identity, Conflict, Reform*. Pittsburgh, PA: University of Pittsburgh Press.

CAMARGO, Sônia (1993). "Europa Ocidental e América do Sul: duas regiões à procura de sua integração". *Contexto internacional*, vol. 15.

CANESSA, Andrew (2000). "Contesting hybridity: Evangelistas and Kataristas in Highland Bolivia". *Journal of Latin American Studies*, vol. 32.

CARDOSO, Fernando Enrique e Enzo Falleto (1970). *Dependência e desenvolvimento na América Latina*. Rio de Janeiro: Zahar.

CARNEIRO, Ricardo (2002). *Desenvolvimento em crise: a economia brasileira no último quarto do século XX*. São Paulo: Unesp.

CARRILLO, Jorge e Arturo Lara (2004). "Nuevas capacidades de coordinación centralizada. ¿Maquilas de cuarta generación en México?". *Estudios sociológicos*, vol. XXII, nº 66.

CARVALHO, José Murilo de (1980). *A construção da ordem*. Rio de Janeiro: Campus.

CASTELLS, Manuel (1996). *The Rise of Network Society. The information Age*, vol. 1. Oxford: Blackwell.

—— (1997). *The Power of Identity. The information Age*, vol. 2. Oxford: Blackwell.

—— (1999). *End of Millenium the Information Age*, vol. 3. Oxford: Blackwell.

—— (2005). *Globalización, desarrollo y democracia: Chile en el contexto mundial*. México/Santiago: Fondo de Cultura Económico.

CASTAÑEDA, Jorge G. (1993). *Utopia Unarmed. The Latin American Left after the Cold War*. Nova York: Alfred A. Knopf.

CASTRO HERRERA, Guillermo (2003). "Naturaleza, sociedad e historia en América Latina". In Héctor Alimonda (org.). *Ecología política. Naturaleza, sociedade y utopia*. Buenos Aires: Clacso.

CAVAROZZI, Marcelo e Juan Abal Medina (orgs.) (2002). *El asedio a la política. Los partidos latinoamericanos en la era neoliberal*. Rosário: Homo Sapiens.

CENTENO, Miguel Angel (2002). *Blood and Debt. War and the Nation State in Latin America*. University Park, PA: Pennsylvania University Press.

CEPAL (2006). *Balance preliminar de las economías de América Latina y del Caribe — 2005*. Santiago: ONU.

CHALMERS, Douglas A., Scot B. Martin e Kerianne Piester (1997). "Associative networks: New structures of representation for the popular sectors?". In D. A. Chalmers *et al.* (orgs.). *The New Politics of Inequality in Latin America. Rethinking Participation and Representation*. Oxford: Oxford University Press.

COELHO, Vera Schattan P. e Marcus Nobre (orgs.) (2005). *Participação e deliberação. Teoria democrática e experiências institucionais no Brasil contemporâneo*. São Paulo: Editora 34.

COMBLIN, Joseph (1977). *Le Pouvoir militaire en Amérique Latine: L'idéologie de la sécurité nacionale*. Paris: Delaye.

CÓRDOVA, Arnaldo (1979). *La ideologia de la revolución mexicana*. México: Era.

COSTA, Sérgio (2002). *As cores de Ercília*. Belo Horizonte: Editora UFMG.

DAGNINO, Renato (2004). "A relação universidade-empresa no Brasil e o 'argumento da hélice tripla'". *Convergência*, vol. 11.

DAVIES, Catherine (2000). "Surviving the soup of signs: postmodernism, politics, and culture in Cuba". *Latin American Perspectives*, vol. 27.

DE ÍPOLA, Emílio (1989). "Ruptura y continuidad. Claves parciales para un balance de las interpretaciones del peronismo". *Desarrollo económico*, n° 115, vol. 29.

APROXIMAÇÕES À AMÉRICA LATINA

DELANTY, Gerard e Patrick O'Mahony (2002). *Nationalism and Social Theory*. Londres: Sage.

DELICH, Francisco (1977). *Crítica y autocrítica de la razón extraviada. Veinticinco años de sociología*. Caracas: El Cid Editor.

DE NEGRI, João Alberto e Mário Sérgio Salermo (orgs.) (2005). *Inovações, padrões tecnológicos e desempenho das firmas industriais brasileiras*. Brasília: Ipea.

DE NEGRI, João Alberto, Mario Sergio Salerno e Antonio Barros de Castro (2005). "Inovações, padrões tecnológicos e desempenho das firmas industriais brasileiras". In J. A. De Negri e M. S. Salerno (orgs.). *Inovações, padrões tecnológicos e desempenho das firmas industriais brasileiras*. Brasília: Ipea.

DENNIS, Alfredo Parera [pseudônimo de Milcíades Peña] (1964). "Gino Germani sobre C. W. Mills o las enojosas reflexiones de la paja seca ante el fuego". *Fichas de investigación económica y social*, año II, n° 2.

DI TELLA, Torcuato (1965). "Populism and Reform in Latin American". In Claudio Veliz (org.). *Obstacles to Change in Latin American*. Oxford: Oxford University Press.

—— (1979). "Gino Germani: In Memorian". *Desarrollo económico*, n° 74, vol. 19.

DOMINGUES, José Maurício (1992). "A América. Intelectuais, interpretações e identidades". In *Do ocidente à modernidade. Intelectuais e mudança social*. Rio de Janeiro: Civilização Brasileira, 2003.

—— (1993). "State and Nation-Building in Brazil". *Bulletin for the Study of Ethnicity and Nationalism*, n° 7.

—— (1995a). *Sociological Theory and Collective Subjectivity*. Londres/ Nova York: Macmillan — Saint Martin's Press.

—— (1995b). "Richard Morse and the Iberian American path". *Revista Interamericana de Bibliografía*, vol. 45.

—— (1999a). *Criatividade social, subjetividade coletiva e a modernidade brasileira contemporânea*. Rio de Janeiro: Contracapa.

—— (1999b). "Subjetividade, modernidade e desenvolvimento". In *Do ocidente à modernidade. Intelectuais e mudança social*. Rio de Janeiro: Civilização Brasileira, 2003.

—— (2000). "Criatividade e tendências mestras na teoria sociológica contemporânea". In *Do ocidente à modernidade. Intelectuais e mudança social*. Rio de Janeiro: Civilização Brasileira, 2003.

—— (2001a). *A sociologia de Talcott Parsons*. Niterói: EdUFF.

—— (2001b). "Modernidade, complexidade e articulação mista". In *Ensaios de sociologia*. Belo Horizonte: Editora UFMG, 2004.

—— (2002a). *Interpretando a modernidade. Imaginário e instituições*. Rio de Janeiro: Editora FGV.

—— (2002b). "A dialética da modernização conservadora e a nova história do Brasil". In *Ensaios de sociologia*. Belo Horizonte: Editora UFMG, 2004.

—— (2003a). "Amartya Sen — a liberdade e o desenvolvimento". In *Do ocidente à modernidade. Intelectuais e mudança social*. Rio de Janeiro: Civilização Brasileira.

—— (2003b). "Vida cotidiana, história e movimentos sociais". In *Ensaios de sociologia*. Belo Horizonte: Editora UFMG.

—— (2005a). "Social theory, 'Latin' America, contemporary issues". In Gerard Delanty (org.), *Handbook of European Social Theory*. Londres: Routledge.

—— (2005b). "A sociologia brasileira, a América Latina e a terceira fase da modernidade". In José Maurício Domingues e María Maneiro (orgs.). *América Latina hoje. Conceitos e interpretações*. Rio de Janeiro: Civilização Brasileira, 2006.

—— (2007). *Latin America and Contemporary Modernity. A Sociological Interpretation*. Nova York/Londres: Routledge.

EDER, Klaus (1986). *Geschichte als Lerneprozess*. Frankfurt am Main: Suhrkamp.

—— (1993). *The New Politics of Class*. Londres: Sage.

—— (1996). *The Social Construction of Nature*. Londres: Sage.

—— (2001). "Zur Transformation nationalstaatlicher Öffentlichkeit in Europa". *Berliner Journal für Soziologie*, vol. 2.

—— (2005). "Making sense of the public sphere". In Gerard Delanty (org.). *Handbook of Contemporary European Social Theory*. Londres: Routledge.

ERBER, Fabio S. (2000). "Perspectivas da América Latina em ciência e tecnologia". In José Maurício Domingues e María Maneiro (orgs.). *América Latina hoje. Conceitos e interpretações*. Rio de Janeiro: Civilização Brasileira, 2006.

ESCOBAR, Arturo e Sonia E. Alvarez (orgs.) (1992). *The Making of Social Movements in Latin America. Identity, Strategy, and Democracy*. Boulder, CO: Westview.

EVANS, Peter (1980). *A tríplice aliança: as multinacionais, as estatais e o capital nacional no desenvolvimento dependente brasileiro*. Rio de Janeiro: Zahar.

—— (1995). *Embedded Autonomy. States and Industrial Transformation*. Princeton, NJ: Princeton University Press.

FALLETO, Enzo (1996). "La Cepal y la sociología del desarrollo". *Revista de la CEPAL*, nº 58.

FIGUEIREDO, Argelina Cheibub e Fernando Limongi (1999). *Executivo e legislativo na nova ordem constitucional*. Rio de Janeiro: Editora FGV.

FOUCAULT, Michel (1976). *A microfísica ao poder*. Rio de Janeiro: Graal.

FUJI, Gerardo, Eduardo Candaudap e Claudia Ganona (2005). "Exportaciones, industria maquiladora y crecimiento económico en México a partir de la década de los noventa". *Investigación económica*, vol. LXIV, nº 254.

FUKS, Mario (1998). "Arenas de ação e debate públicos: conflitos ambientais e a emergência do meio ambiente enquanto problema social no Rio de Janeiro". *Dados*, vol. 41.

GARAPON, Antoine (1996). *Le Gardien des promesses*. Paris: Odile Jacob.

GARCÍA CANCLINI, Néstor (1990). *Estrategias para entrar y salir de la modernidad*. México: Grijalbo.

—— (1996). *Consumidores e cidadãos. Conflitos multiculturais da globalização*. Rio de Janeiro: Editora UFRJ.

—— (1999). *La globalización imaginada*. Buenos Aires/México/Madrid: Paidós.

—— (org.) (1996). *Culturas en globalización. América Latina — Europa — Estados Unidos: libre comercio e integración*. Caracas: Nueva Sociedad.

GARCÍA-GUADILLA, María Pilar (2001). "El movimiento ambientalista y la constitucionalización de nuevas racionalidades: dilemas y desafíos". *Revista Venezoelana de Economía y Ciencias Sociales*, vol. 7.

GARCÍA LINERA, Álvaro (2006). "El evismo: lo nacional-popular en acción". *Revista OSAL*, nº 19.

GARRETÓN, Manuel (2003). *Incomplete Democracy: Political Democratization in Chile and Latin America*. Chapel Hill, NC: University of North Carolina Press.

GASQUES, José Garcia *et al*. (2004). "Desempenho e crescimento do agronegócio no Brasil". *Textos para discussão*, nº 1.009. Rio de Janeiro: Ipea.

GERMANI, Ana Alejandra (2004). *Gino Germani. Del antifascismo a la sociología*. Buenos Aires: Taurus.

GERMANI, Gino (1945). "Anomia y desintegración social". *Boletín del Instituto de Sociología*, nº 4.

—— (1946). "Sociología y planificación". *Boletín de la Biblioteca del Congreso*, nº 57.

—— (1964). *La sociología en la América Latina*. Buenos Aires: Editorial Universitaria de Buenos Aires.

—— (1965). *Política y sociedad en una época de transición*. Buenos Aires: Paidós.

—— (1966). *Estudios sobre sociología y psicología social*. Buenos Aires: Paidós.

—— (1969). *Sociología de la modernización*. Buenos Aires: Paidós.

—— (1973a). "El surgimiento del peronismo. El rol de los migrantes internos". *Desarrollo económico*, nº 51, vol. 13.

—— (1973b). "El peronismo". In Jorge Raúl Jorrat e Ruth Sautu (orgs.). *Después de Germani. Exploraciones sobre estructura social de la Argentina*. Buenos Aires: Paidós, 1992.

—— (1978). *Authoritarianism, fascism, and national populism*. New Brunswick, NJ: Transaction Books.

GIARRACA, Norma (1991). "Gino Germani y su época a ochenta años de su nacimiento". *Boletín de informaciones de la facultad de ciencias sociales (UBA)*, nº 8.

GIDDENS, Anthony (1973). *The Class Structure of Advanced Societies*. Nova York: Harper & Row, 1975.

—— (1976). *New Rules of Sociological Method*. Londres: Macmillan.

—— (1979). *Central Problems in Social Theory*. Londres: Macmillan.

—— (1984). *The Constitution of Society*. Cambridge: Polity.

—— (1985). *The Nation State and Violence*. Cambridge: Polity.

—— (1990). *The Consequences of Modernity*. Cambridge: Polity.

—— (1991). *Modernity and Self-Identity*. Cambridge: Polity.

GIORDANO, Ai (2006). "Mexico's presidential swindle". *New Left Review*, nº 41.

GRAMSCI, Antonio (1929-35). *Quaderni dei cárcere*. Turim: Einaudi, 2001.

GRANDI, Jorge e Lincoln Bizzozero (1999). "Em direção a uma sociedade civil no Mercosul — velhos e novos atores no tecido sub-regional". *Contexto internacional*, vol. 21.

GROBART SUNSHINE, Fabio (2002). "Situación actual en América Latina respecto a la innovación y la competitividad". Trabalho apresentado no V Encuentro Latinoamericano de Estudios Prospectivos, Guadalajara, México.

GRÜN, Roberto (2004). "A evolução recente do espaço financeiro no Brasil e alguns reflexos na cena política". *Dados*, vol. 47.

GUIMARÃES, César, José Maurício Domingues e María Maneiro (2005). "Bolívia — a história sem fim". *Análise de conjuntura OPSA*, nº 5, Observatório Político da América do Sul, Iuperj (http://www.observatorio.iuperj.br).

HABERMAS, Jürgen (1962). *The Structural Transformation of the Public Sphere*. Cambridge, MA: MIT Press, 1989.

—— (1981). *Theorie des kommunicativen Handelns*, vol. 2. Frankfurt am Main: Suhrkamp.

—— (1992). *Fazität und Geltung*. Frankfurt am Main: Suhrkamp.

HAGGARD, Stephan e Robert R. Kaufman (orgs.) (1992). *The Politics of Economic Adjustment*. Princeton, NJ: Princeton University Press.

HALE, Charles A. (1968). *El liberalismo mexicano en la época de Mora, 1851-1853*. México: Siglo XXI.

—— (1997). "Los mitos políticos de la nación mexicana: el liberalismo y la revolución". *Historia Mexicana*, vol. XLVI.

HERZ, Mônica (2002). "Política de segurança dos EUA para a América Latina após o final da Guerra Fria". *Estudos avançados*, nº 46.

HERZ, Mônica e Andréa Ribeiro Hoffman (2004). *Organizações internacionais. História e práticas*. Rio de Janeiro: Campus.

HONNETH, Axel (1992). *Kampf um Annerkenung*. Frankfurt am Main: Suhrkamp.

INGENIEROS, José (1922). "Por la unión latinoamericana". In *Antimperialismo y nación*. México: Siglo XXI.

JOAS, Hans (1992). *The Creativity of Action*. Chicago: University of Chicago Press, 1996.

JONAS, Hans (1979). *Das Prinzip Verantwortung*. Frankfurt am Main: Southamp, 1984.

JOHNSTON, Josée e Gordon Laxers (2003). "Solidarity in the age of globalization: lessons from the Zapatista struggle". *Theory and Society*, vol. 32.

KATZ, Jorge (2005). "Reformas estruturais orientadas para o mercado, globalização e transformação dos sistemas de inovação latino-americanos". In Ana Célia Castro, Antonio Licha, Helder Queiroz Pinto Jr. e João Sabóia (orgs.). *Brasil em desenvolvimento*, vol. 1. Rio de Janeiro: Civilização Brasileira.

KAY, Cristóbal (2002). "Agrarian reform and the neoliberal counter-reform in Latin America". In Jacquelyn Chase (org.). *The Spaces of Neoliberalism. Land, Place and Family in Latin America*. Bloomfield, CO: Kumarian.

KECK, Margaret E. (1991). *PT — a lógica da diferença*. São Paulo: Ática.

LACLAU, Ernesto (1978). *Política e ideología en la teoría marxista*. Madri: Siglo XXI.

LANDERRETCHE, Oscar G., Carlos P. Ominami e Mario Lanzarotti (2004). "El desarrollo de Chile en la encrucijada: o como las viejas controversias impiden abordar nuevos problemas". *Foro 21*, nº 34.

LAPLANTE, Benoit e Jonathan Garbutt (1992). "Environmental proteccionism". *Land Economics*, vol. 68.

LASH, Scott e John Hurry (1994). *Economies of Sign and Space*. Londres: Sage.

LECHNER, Norbert (1997). "Tres formas de coordinación social". *Revista de la Cepal*, nº 61.

LEIS, Héctor R. (org.) (1991). *Ecologia e política mundial*. Rio de Janeiro: Vozes.

LEZAMA, José Luis (1999). "Auditoría ambiental". In *El medio ambiente hoy. Temas cruciales del debate contemporáneo*. México: El Colegio de México, 2001.

—— (2000). *Aire dividido. Crítica a la política del aire en el valle de México*. México: El Colegio de México.

—— (2006). *Medio ambiente, sociedad y gobierno: la cuestión institucional*. México: El Colegio de México.

LIMA, Maria Regina Soares e Marcelo Coutinho (2005). "Globalização, regionalismo e América do Sul". Análise de conjuntura, nº 6, *Observatório Político da América do Sul, Iuperj* (http://www.observatorio.iuperj.br).

LITTLE, Paul (org.) (2003). *Políticas ambientais no Brasil. Análises, instrumentos e experiências*. São Paulo: Peirópolis.

LOMNITZ, Claudio (2001). "Nationalism as a practical system: Benedict Anderson's theory of nationalism from the vantage point of Spanish America". In Miguel Angel Centeno e Fernando López-Alves (orgs.). *The Other Mirror. Grand Theory through the Lens of Latin America*. Princeton: Princeton University Press.

LOUREIRO, Maria Rita (1998). "L'Internacionalisation dês millieux dirigeants au Brésil". *Actes de la recherche en sciences sociales*, nᵒˢ 121-122.

MACDONALD, Gordon J. e Daniel L. Nielson (1997). "Conclusion: Latin American foreign policy and international environment regimes". In G. J. MacDonald, D. L. Nielson e Marc A. Stern (orgs.). *Latin American Environmental Policy in International Perspective*. Boulder, CO: Wetsview.

MANEIRO, María (2002). "Estructura social y procesos de movilización". In Sara Lifszyc (org.). *Introducción al conocimiento de la Sociedad y el Estado*. Buenos Aires: Gran Aldea Editores.

MANEIRO, María (2006). "Os movimentos sociais na América Latina. Uma perspectiva a partir das relações do Estado com a sociedade civil". In José Maurício Domingues e M. Maneiro (orgs.). *América Latina hoje. Conceitos e interpretações*. Rio de Janeiro: Civilização Brasileira.

MANN, Michael (1986). *The Sources of Social Power*, vol. 1. Cambridge: Cambridge University Press.

—— (1993). *The Sources of Social Power*, vol. 2. Cambridge: Cambridge University Press.

—— (2004). "A crise do Estado-nação latino-americano". In José Maurício Domingues e Maria Maneiro (orgs.). *América Latina hoje. Conceitos e interpretações*. Rio de Janeiro: Civilização Brasileira, 2006.

MARIÁTEGUI, José Carlos (1928). *Siete ensayos de interpretación de la realidad peruana*. Lima: Amauta, várias edições.

MARQUES-PEREIRA, Jaime e Bruno Thérét (1999). "Regímenes políticos, mediaciones sociales y trayectorias económicas. Algunas enseñanzas regulacionistas de la divergencia entre las economías brasileña y mexicana desde los años setenta". *Estudios sociológicos*, vol. XVII, nᵒ 50.

MARSHALL, T. H. (1950). "Citizenship and social class". In *Class, Citizenship and Social Development*. Garden City, NY: Double Day & Co, 1964.

MARX, Karl (1844). *Zur Judenfrage*. In Karl Marx e Friedrich Engels. *Werke*, vol. 1. Berlim: Dietz, 1956.

MARX, Karl e Friedrich Engels (1848) "Manifest der kommunistischen Partei". *Werke*, vol. 4. Berlim: Dietz, 1939.

MELUCCI, Alberto (1996). *Challenging Codes. Collective Action in the Information Age*. Cambridge: Cambridge University Press.

MIGNOLO, Walter D. (2000). *Local Histories/Global Designs. Coloniality, Subaltern Knowledges and Border Thinking*. (Princeton, NJ: Princeton University Press.

MORSE, Richard (1982). *El espejo de Próspero*. México: Siglo XXI.

MUMME, Stephen (1992). "System maintenance and environmental reform in Mexico". *Latin American Perspectives*, vol. 72.

MUMME, Stephen P. e Edward Korzetz (1997). "Democratization, politics and environmental reform in Latin America". In Gordon J. MacDonald, Daniel L. Nielson e Marc A. Stern (orgs.). *Latin American Environmental Policy in International Perspective*. Boulder, CO: Wetsview.

MURMIS, Miguel e Juan Carlos Portantiero (1969). *Estudios sobre los orígenes del Peronismo*. Buenos Aires: Siglo XXI.

NEDER, Ricardo Toledo (2002). *Crise socioambiental. Estado & sociedade civil no Brasil (1982-1998)*. São Paulo: Annablume.

NEIBURG, Federico (1997). *Os intelectuais e as origens do peronismo*. São Paulo: Edusp.

NELSON, Paul J. (1997). "Deliberation, leverage or coercion? The World Bank, NGOs, and global environmental politics". *Journal of Peace Research*, vol. 34.

NICOLAU, Jairo (2004). *História do voto no Brasil*. Rio de Janeiro: Zahar.

NIELSON, Daniel L. e Marc A. Stern. "Endowing the environment: multilateral development banks and environmental lending in Latin America". In Gordon J. MacDonald, D. L. Nielson e M. A. Stern (orgs.). *Latin American Environmental Policy in International Perspective*. Boulder, CO: Westview.

NOBRE, Marcos *et al.* (2002). *Desenvolvimento sustentável: a institucionalização de um conceito*. Brasília/São Paulo: Ibama—Cebrap.

NUN, José (2000). *Marginalidad y exclusión social*. Buenos Aires: Fondo de Cultura Económico.

ODDONE, Juan A. (1986). "Regionalismo y nacionalismo". In Leopoldo Zéa (org.). *América Latina en sus ideas*. México: Siglo XXI e Unesco.

OFFE, Claus (1996). *The State, East & West*. Cambridge: Polity Press.

O Globo. Caderno especial Eleições, "A Bolsa e os bolsões", 12/8/2006.

OLIVEIRA, Francisco (2003). *Crítica à razão dualista & O ornitorrinco*. São Paulo: Boitempo.

OLIVEIRA, Lucia Lippi *et al.* (1982). *Estado Novo. Ideologia e poder*. Rio de Janeiro: Zahar.

ONDETTI, Gabriel (2006). "Repression, opportunity, and protest: explaining the takeoff of Brazil's landless movement". *Latin American Politics and Society*, vol. 48.

ORTIZ, Renato (1985). *Cultura brasileira & identidade nacional*. São Paulo: Brasiliense.

—— (1988). *A moderna tradição brasileira*. São Paulo: Brasiliense.

PAES E BARROS, Ricardo, Mirela de Carvalho, Samuel Franco e Rosane Mendonça (2006). "Uma análise das principais causas da queda recente na desigualdade de renda brasileira". *Econômica*, vol. 8.

PARSONS, Talcott (1937). *The Structure of Social* Action. Nova York: Free Press, 1949.

—— (1951). *The Social System*. Londres: Routledge & Keagan Paul, 1979.

PARSONS, Talcott *et al.* (1951). *Towards a General Theory of Action*. Nova York: Harper & Row, 1962.

PÉCAULT, Daniel (s/d). "Violence et politique: quatre éléments de réflexion à propos de la Colombie". *Cultures & conflits — Disparitions* (www.conflits.org).

PEÑA, Milcíades (1971). *Masas, caudillos y elites (La dependencia argentina de Yrigoyen a Perón)*. Buenos Aires: Ediciones Fichas.

PENGUE, Walter A. (2005). *Agricultura industrial y transnacionalización en América Latina. ¿La transgénesis de un continente?* México: UACM e PNUMA.

PILAR GARCÍA, María (1992). "The Venezuelan ecology movement: symbolic effectiveness, social practices, and political strategies". In Arturo Escobar e Sonia E. Alvarez (orgs.). *The Making of Social Movements in Latin America*. Boulder, CO: Westview.

PINTO, Aníbal (1976). "Heterogeneidade e padrão de desenvolvimento recente". In José Serra (org.). *América Latina. Ensaios de interpretação econômica*. Rio de Janeiro: Paz e Terra.

PRICE, Marie (1994). "Ecopolitics and environmental nongovernmental organizations in Latin America". *Geographical Review*, vol. 84.

QUIJANO, Aníbal (1998). "Colonialidad y modernidad/racionalidad". *Perú indígena*, n° 13, 1991.

QUIROZ TREJO, José Othón (2004). "Sindicalismo, núcleos de agregación obrera y corporativismo en México: inercias, cambios y reacomodos". *Cotidiano*, vol. 128.

RAMOS, Jorge Abelardo (1957). *Revolución y contrarrevolución en la Argentina*. Buenos Aires: Editorial Amerindia.

Revista OSAL, n°s 1-20 (2000-2006).

RICYT (2004). *El estado de la ciencia 2004*. Buenos Aires (http://www.ricyt.edu.ar/).

RIFFO PÉREZ, Luis (2005). "Os espaços da globalização: a neoliberalização do território no Chile". In Maria Laura Silveira (org.) (2005). *Continente em chamas. Globalização e território na América Latina*. Rio de Janeiro: Civilização Brasileira.

ROCK, David (1987). *Argentina 1516-1987*. Berkeley e Los Angeles: University of California Press.

—— (1993). *La Argentina autoritária. Los nacionalistas, su historia y su influencia en la vida pública*. Buenos Aires: Ariel.

RODRÍGUEZ GARAVITO, César A., Patrik S. Barret e Daniel Chavez (orgs.) (2005). *La nueva izquierda en América Latina. Sus orígenes y trayectoria futura*. Bogotá: Colombia.

SADER, Emir (2003). *A vingança da história*. São Paulo: Boitempo.

SANSONE, Livio (2003). *Blackness without Ethnicity. Constructing Race in Brazil*. Londres e Nova York: Palgrave Macmillan.

SANTILLI, Juliana (2005). *Socioambientalismo e novos direitos. Proteção jurídica à diversidade biológica e cultural*. São Paulo: Peirópolis.

SANTOS, Boaventura de Sousa (1995). *Pela mão de Alice. O social e o político na pós-modernidade*. São Paulo: Cortez.

SANTOS, Milton e Maria Laura Silveira (2004). *O Brasil. Território e sociedade no início do século XXI*. Rio de Janeiro: Civilização Brasileira.

SANTOS, Wanderley Guilherme dos (1979). *Cidadania e justiça. A política social na ordem brasileira*. Rio de Janeiro: Campus.

—— (1988). *Paradoxos do liberalismo*. Rio de Janeiro/São Paulo: Iuperj — Vértice.

—— (2005). "Cesta de governo. Lula & FHC, cada qual com a sua". *Insight Inteligência*, nº 29 (com um encarte de dados correspondente).

SARLO, Beatriz (1999). "Educación: el estado de las cosas". *Punto de vista*, nº 63.

—— (2001). "Ya nada será igual". *Punto de vista*, nº 70.

SARTI, Ingrid (2006). *Da outra margem do rio. Os partidos políticos em busca da utopia*. Rio de Janeiro: Relume Dumará.

SIERRA, Gerónimo (org.) (2001). *Los rostros del mercosur. El difícil camino de lo comercial a lo societal*. Buenos Aires: Clacso.

SILVEIRA, Maria Laura (org.) (2005). *Continente em chamas. Globalização e território na América Latina*. Rio de Janeiro: Civilização Brasileira.

SIMMEL, Georg (1900). *The Philosophy of Money*. Londres: Routledge & Kegan Paul, 1978.

SOLARI, Fabiana (2000). "Entrevista a Inés Izaguirre". In Horacio González (org.). *Historia crítica de la Sociología Argentina, los raros, los clásicos, los científicos, los discrepantes*. Buenos Aires: Colihue.

SOLÓN, Pablo *et al.* (2003). *Revista del OSAL*, nº 10.

SORJ, Bernardo (2000). *A nova sociedade brasileira*. Rio de Janeiro: Zahar.

STALLINGS, Barbara (1992). "International influence on economic policy: debt, stabilization, and structural reform". In Stephan Haggard e R. R. Kauffman (orgs.), *The Politics of Economic Adjustment: International Constraints, Distributive Conflicts, and the State*. Princeton, NJ: Princeton University Press.

STEFANONI, Pablo (2004) "Acción colectiva y desplazamientos identitarios en Bolivia: el caso del MAS", clase 14 del curso "Crisis y conflicto en el capitalismo latinoamericano". Buenos Aires: Clacso.

STREECK, Wolfgang e Phillip C. Schmmitter (1991) "From national corporatism to transnational pluralism: organized interests in the Single European Market". *Politics and Society*, vol. 19.

STRYDOM, Piet (1999). "The challenge of responsibility for sociology", *Current Sociology*, vol. 47.

—— (2000). *Discourse and Knowledge. The Making of Enlightenment Sociology*. Liverpool: Liverpool University Press.

—— (2002). *Risk, Environment and Society*. Buckingham: Open University Press.

SUNKEL, Oswaldo e Paz Pedro (1974). *Os conceitos de desenvolvimento e subdesenvolvimento*. Rio de Janeiro: Fórum e Hachette.

SVAMPA, Maristela e Sebastián Pereyra (2003). *Entre la ruta y el barrio*. Buenos Aires: Biblos.

—— (2005). *La sociedad excluyente. La Argentina bajo el signo del neoliberalismo*. Buenos Aires: Taurus.

—— (2006). "La Argentina: movimientos sociales e izquierdas", *Entre voces*, n° 5.

TARROW, Sidney (1994). *Power in Movement. Social Movements, Collective Action and Politics*. Cambridge: Cambridge University Press.

TAVARES, Maria da Conceição (1981). *Da substituição de importações ao capitalismo financeiro. Ensaios sobre economia brasileira*. Rio de Janeiro: Zahar.

TORRE, Juan Carlos (1989). "Interpretando (una vez más) los orígenes del peronismo", *Desarrollo económico*, n° 112, vol. 28.

TOURAINE, Alain (1984). *Le Retour de l'acteur*. Paris: Fayard.

—— (1988). *La Parole et le sang*. Paris: Odile Jacob.

TREJO, Guillermo (2000). "Etnicidade e mobilização social. Uma revisão teórica com aplicações à 'quarta onda' de mobilizações indígenas na América Latina". In José Maurício Domingues e María Maneiro (orgs.), *América Latina hoje. Conceitos e interpretações*. Rio de Janeiro: Civilização Brasileira, 2006.

VERÓN, Eliseo (1974). *Imperialismo, lucha de clases y conocimiento. (Veinticinco años de sociología en la argentina)*. Buenos Aires: Tiempo Contemporáneo.

VIANNA, Aurélio (2000). "The work of Brazilian NGOs on the international level", Rio de Janeiro, texto inédito.

VIANNA, Luiz Werneck (1976). *Liberalismo e sindicato no Brasil*. Rio de Janeiro: Paz e Terra.

VIANNA, Luiz Werneck (1988). "Questão nacional e democracia: o ocidente incompleto do PCB". *Novos Rumos*, n°s 8/9.

VIANNA, Luiz Werneck (org.) (2002). *A democracia e os três poderes no Brasil*. Belo Horizonte: Editora UFMG, 2002.

APROXIMAÇÕES À AMÉRICA LATINA

VILAR, Pierre (1971). "Amérique Latine: Rapport de synthèse". In Comision International de Histoire des Mouvements Sociaux et des Structures Sociales, *Mouvements natiounaux d'independence et classes populaires aux XIXe et XXe siècles en Occident et en Orient*, t. II. Paris: Armand Collin.

VIOLA, Eduardo J. (1987). "O movimento ecológico no Brasil (1974-1986). Do ambientalismo à ecopolítica". *Revista Brasileira de Ciências Sociais,* vol. 1.

—— (1997). "The environment movement in Brazil: institutionalization, sustainable development, and crisis of governance since 1987". In Gordon J. MacDonald, Daniel L. Nielson e Marc A. Stern (orgs.), *Latin American Environmental Policy in International Perspective*. Boulder, CO: Westview.

VIOLA, Eduardo J. e Héctor R. Leis (1991). "Desordem global da bioesfera e a nova ordem internacional". In H. R. Leis (org.), *Ecologia e política mundial*. Rio de Janeiro: Vozes.

WADE, Peter (1997). *Race and Ethnicity in Latin America*. Londres: Pluto.

—— (2001). "Racial identity and nationalism: a theoretical view from Latin America", *Racial and Ethnic Studies*, vol. 24.

WAGNER, Peter (1994). *A Sociology of Modernity. Freedom and Discipline*. Londres: Routledge.

WEBER, Max (1920). *Gesalmmelte Aufsätze zur Religionssoziologie*. Tübingen: J. C. B. Mohr (Paul Siebeck), 1988.

—— (1921-22). *Economia e sociedade*. Brasília: Editora UnB, 1994.

WILLIAMS, Heather L. (2001). *Social Movements and Economic Transition: Markets and Distributive Conflict in Mexico*. Cambridge: Cambridge University Press.

ZAPATA, Francisco (2003). "¿Crisis en el sindicalismo en América Latina?", University of Notre Dame, Kellog Institute, *Working Paper* #302.

ZÉA, Leopoldo (1988). *Discurso desde la marginalización y la barbarie*. Barcelona: Anthropos.

ZIMMERMANN, Clóvis (2004). "Um primeiro olhar sobre o Programa Fome Zero: reflexões sobre o primeiro ano de implementação". *Revista Espaço Acadêmico*, nº 41 (http://www.espacoacademico.com.br).

*O texto deste livro foi composto em Sabon,
desenho tipográfico de Jan Tschichold de 1964
baseado nos estudos de Claude Garamond e
Jacques Sabon no século XVI, em corpo 11/15.
Para títulos e destaques, foi utilizada a tipografia
Frutiger, desenhada por Adrian Frutiger em 1975.*

*A impressão se deu sobre papel off-white 80g/m²
pelo Sistema Cameron da Divisão Gráfica
da Distribuidora Record.*